辛 淑 玉著

怒りの方法

岩 波 新 書

890

はじめに

目からうろこ、とはよく言ったものだ。

マイペースで道を切り開いていく友人を見ていて、私とは「怒り」の使い方がまったく違うことに気づかされた。

政治家の差別発言に怒って抗議をしに行ったことがある。そのとき、私は、一人でも多くの人を集めようとした。「数」イコール「怒りの大きさ」と考えていたからだ。

しかし、私の友人はまったく違った動き方をした。

自分が思いついたときに、自分の生活を乱さず、ダイレクトに不快であることを告げに行く。彼は、たった一人でもやるのだ。

「一〇〇人集まって一緒に抗議をしても、一回で終わりでしょ。なんで相手のためにわざわざ人数をまとめないといけないの?」

一〇人がそれぞれ勝手に意思表示をすれば、相手は一〇回対応しなくてはならず、その方がはるかに事の重大さを実感するというのだ。

まさに、ローコスト・オペレーション。

地方に住んでいるその友人は、あるとき、新聞社の差別的な記事に抗議するため、事前に文書を出し、日時を告げて、証人として東京の友人二人を伴い、東京での仕事のついでに訪ねて行った。すると、玄関から始まって建物の周囲まで、物々しい警備で迎えられた。わざわざ地方から抗議に来るのだから、相当の人数だろうと新聞社側は考えたのだろうが、迎えてみたら三人だった。

「他の方は?」とたずねられて、「いいえ、これだけです」と答えた友人に、相手はさらに恐れを抱いたという。わざわざ地方からこれだけ堂々と抗議に来るのだから、後ろに何か控えているのでは、と勝手に解釈してくれたらしい。

「妥協して集まった集団のエネルギーは、大したことないんですよ。むしろそれぞれが生活の中で怒りを感じたときに、それをきちんと表現したほうが大きな力になる。一人ひとりが本気で怒ることが大事。それが結集したときには、ものすごいエネルギーになりますから」

日本社会のキーワードは、「仲間外れ」「村八分」だ。

それが怖くて、人々は同調していく。強い者に。

だから、怒りをぶつけていい対象が強い者から与えられると、人々はいっせいに動き出し、ヒステリックにその対象を攻撃しはじめる。

とくに、権力に逆らった者に対しては、権力と一緒になって容赦なく叩く。

日本社会は「判官びいき」とも言われる。たしかに弱者が物言わず耐えている間は、同情を寄せる。だが、その弱者が声を上げて主張しだすと、今度は強烈な嫌悪感と憎悪で攻撃し、そして排除する。「権利ばかり主張する奴だ」「世間を騒がせる迷惑な奴だ」などと。声を上げた弱者や「普通」とは違う行動をとった個人を、自分たちの怒りのはけ口にしては、そのことで世界中から顰蹙を買う。日本社会はこれを繰り返している。

イラクでの日本人人質事件などは、まさにその典型だろう。

被害者である人質をまるで犯罪者のように扱い、しかも救出経費の請求までするといった話には、イラクのファルージャで虐殺事件を起こしているアメリカでさえ首をかしげた。パウエル氏は、「危険を知りながら、良い目的のためにイラクに入った市民がいることを、日本人は誇りに思うべきだ」と語ったという。

誰かが決めた役割によって人々が動かされ、しかも役割を決めた人間はその結果に責任を取らない。この仕組みが日本社会なのだ。

直接責任のある人間に怒りをぶつけて責任を取らせることができれば、この社会の多くの問題は解決できる。だが、怒りをぶつける者は少ないし、責任を取る者はもっと少ないから、誰も責任を取らない仕組みが温存されてしまうのである。

この仕組みを壊すためには、一人ひとりが必要に応じて実験と学習を繰り返しながら、目の前の問題を解決していくことが大事なのだ。

そのように動ける人が、どんどん力をつけていく。

他人も組織も当てにならない。大切なのは、役職や肩書き、所属団体がなくても問題解決できる力をつけることだ。

自分で考え、自分で動いてこそ、自分の道は開ける。

そのためにはまず、奪われてきた怒りを奪還することだ。これは、人間性を回復することでもある。

この本が、あなたが怒りを表現できるようになるための手助けになれば、と願っている。

目次

——怒りの方法

目次

1　怒っている私、怒れるようになった私

私は、毎日、怒っています

言いたいことを言っている。激辛だ。ずばずば言うから気持ちがいい……。
そんな枕詞が、よく私にはつく。
何でも言いたいことを存分に口にしているように見えるのだろう。
たしかに、私は毎日、毎日、怒っている。怒らない日はありえない。
だが、好き好んで怒っているのではない。怒らずにはいられないのだ。

＊

目がさめた。
女性が数名、テレビ画面の中で体操している。
いつも、同じ体型の、同じ年代の、同じ皮膚の色の健康な女性が出ている。
どうして、背の高い人や低い人はいないの？　どうして肌の色の違う人はいないの？

どうして男性はいないの？　どうして高齢者はいないの？　どうして腕が上がらない人はいないの？

均質化と、排他主義と、優生思想の臭いが画面からぷんぷんしてくる。

テレビのチャンネルを変える。ワイドショー番組から、「××アナが不倫で、番組降板」という声。著名なタレントとの交際が発覚して、女性アナウンサーの方が番組を降ろされたらしい。

不倫で制裁されるのはいつも女。

男が退職させられたり、異動させられることはほとんどない。

健康食品のＣＭ。

「ご主人の健康管理は奥様の大事な仕事……」

自分の健康は自分で管理するものだ。

ニュースのチャンネルに切り替えると、「○○のコンビニエンスストアに強盗が入りました。犯人は外国人風」。

いったいどこまでが日本人で、どこからが外国人なんだろう？　日本国籍をとった小錦(KONISHIKI)は外国人か？　ラモス瑠偉は？

私とテリー伊藤が並んだら、どっちが「外国人風」に見えるだろうか？

結局、犯人は「日本人ではない」ということを言いたいのでしょ。


ふたたび、朝のワイドショー。

「日本は日米安保条約があるから、(北朝鮮から)守られているんです」とコメンテーター。

そうじゃない。安保があるから危ないのだ。安保条約を破棄したら、北朝鮮がいくら何をするかわからない国とはいえ、日本を攻める根拠なんてなくなる。朝鮮半島は、三八度線を境にアメリカ(連合国)と北朝鮮が朝鮮戦争の休戦協定を結んでいるのだ。休戦とは、ちょっと戦争を休んでいるというだけのこと。北朝鮮は今でもアメリカと戦争中。つまり、日本は北朝鮮の戦争相手と同盟を結んでいるのだ。それこそ、危ないじゃないか。

郵便物を手に取る。

「××で反戦デモ」のチラシが届いていた。そこには「北朝鮮は戦争などしかけない。戦争をしたがる黒幕に踊らされてはいけない」と。

そうじゃない。金正日《キムジョンイル》政権下の北朝鮮は何をするかわからない国。ブッシュ政権下のアメリカも何をするかわからない国。だからこそ、戦争を食い止めるために何ができるかを真剣に考え、行動しなくてはならない。

一方が丸ごと良い国で、もう一方が丸ごと悪い国、なんてことはありえない。ここには戦争をしたがる人、戦争に行かされる人、戦争で殺される人に分けて見る視点がないのだ。

「いつも、犠牲者は女性と子ども」「弱きもの」「子どもの命を守れ」

躍るチラシの文字。

男は、いつも殺す側にされる。男の人権は平和運動の中にはないのか?

仕事場へ移動中の電車の中。

雑誌の中吊り広告に、「中学生、親を絞殺！ 増える少年犯罪」とある。

大人が子どもに対して行った虐待・犯罪の件数はその何倍になるのだろう?

その隣の広告には、「外国人による日本人の被害総数」。

「日本人による外国人への被害総数」は決して報道されない。

「犯人は日本人風」なんて報道、聞いたことがない。


席に座って、雑誌を開く。「国際化教育のために英語を」という記事。

日本の学生のほとんどは「ワン、ツー、スリー」は言えても、「イー、アル、サン(北京語)」も「ハナ、トゥル、セッ(朝鮮語)」も言えない。

そのせいだろうか。ホテルのチェックインのとき、名前を漢字で書くとぞんざいな扱いをされたり、外国人登録証を見せろと言われることがあるのに、アルファベットで書くと逆に、新聞は何がいいかとか、英文資料はここだとか、こと細かくサービスをしてくれる場合が少なくない。

ある学校で講演会をする。講演のあと、質問が相次いだ。
学生「シンさん、日本と韓国(または北朝鮮)が戦争になったら、どっちにつきますか?」

「戦争になったら、一番最初に殺されるのは私です。在日のような、国と国との狭間で生きるものを最初に殺す。どっちについても殺される。それが戦争というものです。では伺います。在日はどうして日本にいると思いますか」

学生「稼ぎたいから」

「……」

近代史の説明時、強制連行に触れる。

学生「強制連行があったと言うなら、その証拠を見せてください」

「じゃ、原爆が日本に落ちた証拠をここで見せてみて。あなたの質問はそれほど愚かなものよ」

学生「朝鮮の人は日本を憎んでいるから、テポドンを撃ち込んでくると思う」

「憎んでいるとどうしてわかるの？」

学生「いまも反日教育をしているじゃないですか」

「事実を知ったら「反日」にならざるを得ない。それだけのことを日本はしてきた。そのうえ、被害者を放置し問題を解決してこなかった日韓・日朝の政府の問題があるのです」

学生「要するに朝鮮人は、日本人が嫌いなんでしょ」

「一九四五年八月一五日に朝鮮半島が解放されたとき、朝鮮にいた日本人は殺されましたか？　そのほとんどは無事日本に戻ってきています。最も簡単に殺せた時にですよ」

解放のとき、建国準備委員会呂運亨《ヨウニヨン》委員長は、すべての朝鮮人の団結と流血の阻止を訴えた。安在鴻《アンジエホン》副委員長はラジオを通して、日本人の生命、財産に危害を加えないよう要請した。

そんなことなど、近代史を学んでこなかった日本の学生たちは知るよしもない。

午後は別の講演会。

会場から質問が出た。

女性来場者「シンさん。シンさんのような人が政治家になってくれないから、日本が変なふうになるんです。どうして、政治家になってくれないのですか？」

「……あのう、政治家どころか、選挙権すらないんですよ。住民投票の権利すらないんですよ。もちろん、税金はみなさんと同じように、払っていますが」

女性来場者「えー、そうなんですかぁ！　じゃ、どうして帰化しないのですか？　やっぱり、日本が嫌いだからですか」

「……。まず、あなたから出馬をどうぞ」

ところで、「帰化」は中華思想に基づく言葉で、辺境地域の蛮族が「王化に帰する」(中国皇帝の権威に帰服する)という意味でもあるんだからね。


三五年ぶりに、叔父から電話が入る。

「おい、セツコ(私の日本名)、テレビで見たよ。いやぁ、心配していたんだよ。昔はブスでどうなることかと思っていたけれど、見られる顔になってよかったなー、本当に心配していたんだよ」

余計なお世話だ。


夕方、都内での社長会(各企業の代表らが集まる勉強会)の研修会場に移動。

司会者「今日の講義は、あの、セクハラについて、です。講師は若くて美しい……」

「それがセクハラです!」

男の講師を紹介するときも若くてハンサムとか言うのか? 私は女を売りに来ているの

ではない。仕事をしに来ているのだ。

講義の後の質問の時間。

男性受講者「カラオケでデュエットを強要してはいけないのはわかりました。では、お願いするならいいんですか？」

「あなたが影響力をもつだろう相手に対しては、それも力の行使になります」

（……ちゃんと講義を聴いてたのか、おまえ）

男性受講者「あいつに触られるのはいいけど僕は嫌だというのは、女性のわがままですよ。男を差別している」

「あなたの言葉は、「夫とセックスするならオレにもやらせろ」って言ってるのと同じですよ。好きな人なら嬉しい、そうでないなら嫌というのは当たり前の感情です。そういう感情を無視してきた鈍感さが問われているのですよ」


講義終了後の懇親会の席で。乾杯の御発声。

某企業会長「いやぁ、今日はいい講義でした。辛センセイありがとうございました。

さて、乾杯の発声前のスピーチと女性のスカートは短いほうがいいと言われていますので……」

（いいかげんにしろよ……）

懇親会のテーブルで、目の前に座ったある社長が「日本はなんでもアメリカの真似ばかりしてよくありませんね」。

そうそう、と思っていたら、「だいたい、セクハラなんて言いますけれど、女の子のお尻をぺんぺんするのは、これは愛情表現で、日本の文化なんですよ」。

「……すばらしいお考えですね。では、そのお考えをぜひ社報にお載せ下さい。「女性社員のお尻をぺんぺんするのは、わが社の文化であり愛情表現である」と」

そう言ったら、秘書が飛んできた。

「いやいや、辛さん、わが社はアメリカ（の工場）ではちゃんとセクハラ研修をやっていますから」

アメリカの女の尻は触っちゃいけないが、日本の女の尻ならいいということか？　それこそダブルスタンダードだろうが。

夜風が身にしみる。

駅で、大好きな乾燥イチジクを売っていた。

大きな袋に入って一〇〇〇円の文字。

「これください」

「六三〇〇円です」

「えっ?」

よーく見ると、下に小さな字で「一〇〇g」と書いてあった。

こそくな。


家に戻ると、マンションの隣家の廊下にゴミの山。

大家が言う。「奥さんは一日中家にいるのにねぇ」

それって、女のせいなの?


友人からの電話。

「妻と母親の折り合いが悪くて……」

「で、どっちの立場に立っているの？」

「どっちにもつかないで、その場から逃げる」

「バカたれ！　妻の側についていて、後で母親に死ぬほど謝れ。それが「夫」の仕事だろ！」

「いや、でも時間が解決するから……」

解決するわけないだろう。こじれるだけだ。


不動産屋がきて、契約の更新。

不動産屋「お子さんができると部屋がせまくて不自由でしょうねぇ、大きなところに移りますか？」

「子どもが増えることはありませんから」

不動産屋「あー、そんなわがまま言って。ねぇ、お母さん、娘さんにちゃんと言ってあげないと……」

あんたにあたしの下半身を詮索する権利があるのか？


夜食を食べに出る。

そば屋に置いてある求人情報誌を見る。

あるページに「面接必勝法。お子さんのご予定は、と聞かれたら、考えていませんと答えましょう」と。

質問自体が男女雇用機会均等法違反だ。

隣の席についた客が、二人で話している。

男Ａ「あっ、先輩だ。オレ挨拶に行ってくるよ」

男Ｂ「やめとけよ、ホモだと思われるぞ」

男Ａ「そうだよな(笑)」

即座に、「えっ、なんで？　どうして？　なんで話しかけると「ホモ」だと思うの？教えてよ、わからないなぁ、どうしてどうして……」と聞いてみた。二人は、ギョッとして、そばも食べずに出て行った。

人間を侮蔑した笑いが多すぎる。

近所で、ものすごい音がする。男の怒鳴り声と物を壊す音。

周囲の住人が飛んできた。

隣人A「また始まったわ。こないだからひどいわね」

私「行ってみましょう」

隣人B「やめて。こっちにとばっちりがきたらどうするの」

女性センターに相談の電話を入れる。

「もう、それは警察の範囲です」

警察に電話を入れる。

一時間後、警察官二名が訪ねてくる。玄関先で妻に、「何かされましたか?」

夫は部屋の隅にいて出てこない。

妻が、「……ただの夫婦喧嘩です」と答えると、警察官はそのまま帰っていった。

殴られている側が、加害者の前で本当のことを言えると思っている。

そのあとすぐ、一人で問題の部屋を訪ねた。

「こんばんは、シンです。遅くにすみません。仕事先でお花をもらったので、みなさんにおすそ分けしています。ちょっと取りに来てもらえます?」

そう言って女性を外に連れ出した。

パソコンで電子メールのチェック。

友人から、「いろいろあるから身辺には気をつけたほうが……」と。

本人は善意かもしれないが、これでは心配を装った脅迫補助のメールだ。脅迫者に加担する輩が内向きな社会を作り、自主規制を蔓延させる。心配なら加害者に「やめろ」と言うべきだろう。加害者は野放しなのだ。

だいたい、嫌がらせをしてくる相手よりも私のほうが数百倍怒っているのだ。

むしろ、「気をつけなさいよ、シンさん相当怒っているから、そばによらないほうがいいわよ」と相手に忠告すべきだろうが。

深夜になって、やっと次の仕事の準備にかかれた。

ごそごそ仕事をしていると、「あなたは本当に育ちが悪い」と眠れぬ母の捨てゼリフ。

生んだのも、育てたのも、あなたなんですけど。

こうして今日も一日が終わる。

なぜ、私は怒れるのか

喜怒哀楽は人間の心をバランスよく保つための装置である、と私は考えている。その一部でも奪われてしまうと、心は壊れてしまうからだ。

日本のサラリーマンの顔は、よく能面にたとえられる。それぐらい感情を表に出さない。感情的であるということが、「知的」の対極に位置しているとされてきたからだろう。

たとえば、男の人が泣いたり、哀しんだり、助けを求めたりすることを、「意気地がない」とか「うじうじしている」とか、挙句の果てには「おまえは女みたいだ」と侮蔑する。「男らしく」あるためにそうした感情を押し殺し、「負けるな」「泣くな」「やり返せ」と生きてきた結果、負けたとたんに(その多くは負けでもなんでもないのだが)、自分の行き場がなくなってしまう。リストラ自殺一つとってみても、感情を奪われた人たちの悲劇がよくわかる。

感情表現は、人間性回復の第一歩でもあると私は思う。

怒りは、誰もがもつ心の動きだ。

しかし、それを他者に対してきちんと表現できるかどうかは、また別の問題だ。私自身、怒りの感情を抱くことは、今も昔も山のようにあるが、喜怒哀楽のなかで最も難しい「怒り」を、今もって十分に表現できていない。

その、発展途上の自分自身を振り返ってみようと思う。

*

私は東京生まれの東京育ち、三代続いた江戸っ子である。日本名は節子。セッちゃんと呼ばれていた。

幼稚園に行く年齢になった。一緒に遊んでいた近所の子たちは、みな同じ幼稚園に通いだした。だが、私にはいつまで待っても入園の日はやって来なかった。

当時、私の地域の幼稚園では朝鮮人の子は入れてくれなかった。

一人で遊ぶのは、本当に淋しかった。私は、父親に幼稚園に連れてってくれと何度も何度もせがんだ。私があんまりうるさく言うので、父は幼稚園の入り口まで私の手を引いて行った。すると、近所の子たちは「セッちゃんが来た、セッちゃんが来た」と寄ってきて、その場でまた、いつものように遊びはじめた。夢中になって遊んでいると、幼稚園の建物から出てきた父親がひと言、「節子、帰るぞ」と言った。見上げる父の顔は悲しげだった。その瞬間、「自分は日本人の子どもと同じことを望んではいけないのだ」とわかった。

朝鮮人であるがゆえに、幼稚園に入れない。

そして、「朝鮮人であること」は私の体から取り去ることのできないものだった。

ある日、母が代々木警察署に呼び出された。弟の外国人登録の申請がほんの数日遅れたという理由だった。そして数人の刑事から取調べを受けた。

どなったり、なだめたり、すかしたり。時には心配でついてきた私をだしに使って。以前、迷子になったとき、交番のおまわりさんは私を抱っこして家まで送り届けてくれた。私を日本人の子どもだと思っていたあの時のおまわりさんと、目の前の刑事はまったく違う存在だった。刑事は、近所の在日の動向について、ことこまかく聞いていたのだ。その取調べのすさまじさに、私は母が殺されるのではないかと不安になった。

朝鮮人にとって、警察は、自分たちを守ってくれる存在ではない。

私たちは、「犯罪者予備軍」として監視される対象だった。


母はいつも泣いていた。

父はいつも哀しそうだった。

六歳のとき、苦しい生活がとうとうにっちもさっちもいかなくなり、しばらく母と子どもたちで大阪の親戚の家に身を寄せることになった。新幹線の駅まで父が見送りに来た。

そして、明治の板チョコを二枚買ってくれた。

父がものを買ってくれたのは初めてのことだったので、驚いて父の顔を見た。

父は一言、「お母さんを頼む」と言った。

大阪に着くまでの間、母は手ぬぐいに押し付けた顔を一度も上げることなく泣き続けた。

親戚の家に着いたとたん、「うちに来たって……」と捨てゼリフを吐かれた。

親戚の家は寿司屋だったが、一度として寿司を食べさせてくれたことはない。

空腹でいたたまれなくなると、母と二人、大阪の街を歩いた。

そして、夜、母は何度も私の首を絞めた。

「セツコ、一緒に死のう」

死ぬのは嫌だったが、母があまりにも可哀想で、私はいつも「うん」と言った。

しかし、母が私の首を最後まで絞め続けることはなかった。

いつも途中で泣き崩れて終わった。

朦朧とした意識の中、母の泣き声だけが耳に届いていた。

貧しさは、我が家の生活に枕詞のように絡みついて離れることがなかった。


何度目かの転校の後、小学校三年から民族学校に通うことになった。

いずれは北朝鮮に「帰国」しようと考えた父の決断だった。

しかし、日本の学校からの編入生だったことと、反抗的な態度のせいで、私はたった一日で浮いた存在になってしまった。

私に付けられたあだ名は「パンチョッパリ（半日本人）」という差別語。そして「反動分子」、「宗派分子」と続く。

ここでは、異論を言うことは許されない。民族学校は、日本社会の差別の激しさから身を守るために、内部では徹底的に異端を排除した。

二度にわたって暴行を受けたあと、不登校や家出を繰り返したのち、私は日本の学校に転校した。だがここでもまた受け入れてもらうことはできなかった。

ある公立中学校の校長は嬉しそうに、「朝鮮学校からの生徒は受け入れていません」「どうしてもと言うなら小学校二年生からやり直してください」と、当時一四歳だった私に面と向かって言い放った。在日に対しては「義務教育」は義務でも権利でもなく「恩恵」とされていたので、学校の意思で排除することもできたのだ。

学校は、学ぶところでも支えてくれるところでもなかった。

子どもの頃、将来の夢は、と聞かれても、「バタ屋」か「ホステス」しか思い浮かばなかった。

私の周りで、朝鮮人の女性が働いている姿は、その二つしかなかったからだ。

時おり、勉強がしたいと口に出せば、「家の仕事をサボりたいからだろう」と言われた。

親から本というものを買ってもらった記憶は一度だけ。

小学校に上がる前、『シンデレラ』と『ああ無情(レ・ミゼラブル)』がセットになった本を母が買ってくれた。

私の読んだ『ああ無情』は、貧しいジャン＝バルジャンが銀の皿を盗み、そして一生刑事に追われ、成功してもなお犯罪者として生きなければならない哀しいお話。ジャンの姿は、在日とだぶって見えた。だから、二度と読みたくない本だった。しかし、『シンデレラ』はステキだった。

シンデレラは、意地悪な継母と姉たちの言いつけに逆らって、ねずみやかぼちゃなどの力を借りてダンスパーティに出かけ、そして靴を忘れるという失敗はしたが、それがもとで王子さまをゲットした。理不尽な権力や支配に逆らってチャレンジすれば、多少の失敗はあっても果実が手に入るという成功物語だ、と当時の私は思った。だから、時間があれば母に、読んでとせがんだ。

生涯でただ一冊の、親に買ってもらった本だった。

女は勉強などしなくてもいいという空気が、私の周りにはあった。

大学出の父ですら、まともに仕事がなくて生活が苦しい。学歴など生きるうえで何の役にも立たないことを見せつけられていた。むしろ、なまじ学歴があるせいで汚い仕事ができず生活力のない父は、母方の親戚から嘲笑されつづけた。エリートの挫折は、北朝鮮への帰還願望に拍車をかけた。

一九五九年に初めて北朝鮮への帰還船がでてから、約一〇年間で合計一〇万人近い人々が、日本の差別から逃れようと、ふるさとの韓国とは遠く離れた北の大地に渡っていった。しかし、そこは日本で宣伝されていた「地上の楽園」とはほど遠い、生き地獄の地だった。祖母の家で、一字の読めないハルモニ(おばあちゃん)たちのために、北に渡った親族から届く手紙の代読をしていた私は、社会主義祖国を賞賛する手紙の続きに書かれた物資の無心の文章を何十通と読んだ。

だまされたと声を上げたところで、日本社会が助けてくれることはない。

そして、そんなことを口に出したら、小さな同胞社会からも排除され、民族団体から集中攻撃を受ける結果になることは明らかだった。

自分の大切な人が、逃れることもできない社会に身を置いていて、そして自分の力では決して助け出すことができないとなれば、たとえ細い蜘蛛の糸のような希望であっても、それを頼りに物資を送るしかない。

ガス室のないホロコースト。それが北朝鮮の実像だった。

もう一つの「祖国」、韓国の方はどうだったか。

領事業務が政治団体の手に委ねられてきた結果、パスポートの取得に必要となる戸籍の整理や国民登録番号の取得の際にも踏み絵のように思想信条がチェックされた。そして多額の寄付をした者から優先的にパスポートの取得が認められ、貧しい者は取り残された。

在日を守る存在であるべき在日の団体は、決して味方ではなかった。

それら政治団体と直結していた在日の金融機関とて同じ。貧しい在日に融資することはなかった。彼らのネットワークに入れなかった者は、商売のための資金ですら他の金融機関から高利で調達しなければならなかった。

ある日、クラスで一番の試験結果をもって父のところに行った。

私は、父にほめて欲しかった。

しかし父は、「どうせすぐ(成績が)落ちるだろう」と言い、その答案用紙をもって弟の前に行った。そして、「いいか、よく聞け。セツコはバカだが、勉強したらここまで点が取れた。おまえは小さいときから頭が良かった。少し勉強すれば、もっといい点が取れるぞ」と言って弟を鼓舞した。

地理感覚がわからないので、プラスチックの地球儀が欲しいと口にしたとき、父は、

「どうせ飾っておくのだろう」と言っただけだった。それから数年後、父は弟に、勉強のためと言って立派な地球儀を買い与えた。地球儀などに興味のない弟は、それをそのまま放り出した。捨てられた地球儀を見て、どんなことがあっても、これは拾わないと決めた。しばらくすると、進路を決めかねていた兄の勉強のために、父が参考書を買うようにと言った。アルバイトをしたお金で、兄の参考書を私が買ってそろえた。その参考書は私自身が欲しいものばかりだった。しかし兄は、一ページも開かずその本を捨てた。

六歳のときから、私が働いたお金はすべて家に入れていた。

しかし、同じようにアルバイトをしていた兄が稼いだお金は兄自身が使った。

一六歳のとき「どうしてお兄ちゃんは家にお金を入れないの」と母にたずねた。

母は答えなかった。

儒教社会で女であるということは、序列の最下位に位置するということだった。その身は、男の出世のために尽くすべきものだった。

一〇代の頃、近くに住んでいた知り合いの在日女性が裸で逃げてきた。体中に暴行の痕があった。

逃げられないように、裸にして殴るのだ。そして、そういう光景は決して珍しいものではなかった。日本社会からの抑圧に耐えられない男たちの少なからぬ数のものが、女に手をあげた。

夫や恋人からの暴力は世界の女性に共通する苦しみだろうが、マイノリティの女性の場合は、さらに壁にぶつかる。もしここで助けを求めても、ホスト社会(日本社会)は私を助けてくれないのではないか、という壁だ。

夫が殴ると口に出せば、「やっぱり朝鮮人は暴力的よね」と言われて、儒教社会の抱える構造的な問題とは違う捉え方をされてしまう。少なくとも私は、在日一世の女性で幸せだったという女性に会ったことがない。中にはおそらくいるのだろう。しかし、私はまだ一度も会っていない。

知人の母親は、息子を病気にさせたという理由で夫から殴られた。嫁の代わりはいるが、跡取りは代わりがないからだ。

＊

「国家」に対する恐怖を具体的な形で感じたのは、一九七三年の「金大中《キムデジュン》事件」のときだった。日本に滞在していた民主化人士の金大中氏を韓国の情報機関が拉致し、殺害しようとした事件だ。当時は、北も南も拉致合戦を繰り返していた。

その数年前、西ドイツでは音楽家の尹伊桑《ユンイサン》氏が同じように拉致された。西ドイツ政府は、「うちの客人に何をする!」と、韓国と国交断絶するとまで言って尹伊桑氏を西ドイツに取り戻した。それに対して日本政府は、主権を侵害されたのに「政治決着」で済ませて金大中氏を取り戻そうとはしなかった。日本の学校の中学生だった私は、韓国や北朝鮮から人がきて朝鮮人を連れ去っても日本政府は決して助けてくれないだろうと直感した。

当時は金大中救出運動が巷にあふれ、救出のための歌が流され、カンパの箱が躍った。しかしそれらは、自分たちは拉致される心配がない、ホスト社会に住むマジョリティの正義感からくるもののように感じられた。

北朝鮮に対する恐怖と韓国に対する恐怖は、いつも隣り合わせになって覆いかぶさってきた。

国家の非情さを感じる事件に、一九八七年の大韓航空機爆破事件が挙げられる。

バグダッド発アブダビ経由ソウル行きの大韓航空八五八便が消息を絶った。爆破事件の犯人として逮捕されたのが北朝鮮の金賢姫《キムヒョンヒ》。そして彼女の日本語教師として、日本から拉致されたとされる李恩恵《リウネ》が日韓のマスコミをにぎわせた。李恩恵こと田口八重子さんは、その実名も写真も公表された。

拉致は「誘拐」である。

誘拐事件が起きたとき、警察とマスコミはどういう対応をするか。被害者の人命を最優先して秘密裡に犯人との交渉をするのが一般的だ。しかし、田口八重子さんの場合は、安否の確認もないままワイドショーさながらの報道がなされた。

漠とした不安が私を襲った。当時の感覚をあえて言葉にすれば、「(彼女は)殺されるかもしれない」という思いだった。同時に、日本政府は、朝鮮半島とかかわることになると、日本人すら見殺しにしてしまうのだなという、絶望にも近い感覚を抱いた。朝鮮人ならなおのことだ。

社会に出れば、女性であること、朝鮮人であることは何の得にもならなかった。

銀座に事務所を開こうとしたときは、まず、独身の女性であるという理由で拒否され、朝鮮人であることでさらに排除された。銀行に融資を頼みに行ったときは、女性であることとイコール社会的信用がない、ということだと明確に教えられた。

朝鮮人であるがために、月五〇〇〇円の複写機のリースですら、日本人の家持ちの保証人を二人立てることを要求された。もちろん、デパートのお買い物カードも「外国人」であることが理由でもてなかった。

こういう空間の中で私は生きてきた。

父や母や家族は守るべき存在であって、守ってくれる存在ではなかった。

国家や民族団体もまたしかり。

いわんや学校が守ってくれることも支えてくれることもなかった。

どこにいても戦わなければならなかった。

テレビに出演するようになると、抗議の電話が殺到してきた。

あるプロデューサーからは「もうあなたを守れない」と言われ、結局その番組からは降板した。

周囲は、「気をつけてね」という言葉を投げてくるだけだった。

会社には嫌がらせのファックスが何枚も届いていた。自宅には「公開質問状」が届き、留守番電話にはおまえを尾行しているぞというような内容の脅迫メッセージが、罵倒が、繰り返し録音されていた。

しかし、毎日食べるご飯は、いつもと変わりなくうまかった。

いくらひどいことをされても、太陽は毎日ちゃんと昇ってきた。

自分の気持ちを素直にストレートに表現して、それで周囲がすべて私から離れていったとしても、むちゃくちゃな誹謗中傷が寄せられても、誰も助けてくれなくても、それでもこの世の終わりではなかった。

朝鮮人という存在自体が、この社会では嫌われているのだから、発言すれば叩かれるのは当たり前。発言して好かれようというところに無理がある。

マイノリティが声を上げれば叩かれる、それだけのことだ。

あえて、私と他者との違いがあるとすれば、「嫌われてもいい」と思っていることだ。

いくら好かれようとがんばったところで、こちらの思うように相手を変えることなどできない。

ある被差別部落で、女性が家の周りを一生懸命掃除していた。

「きれいにしておかないと差別されるからな」と彼女は言った。

しかし、きれいにしていても差別はされる。

差別とはそういうものだからだ。

差別はこちら側の問題ではないのだ。

どだい、みんなに好かれようなんてウソっぽい。

会社や自宅で嫌がらせの電話が鳴りつづけていたころ、新聞紙面に自分の名前を見つけた。

「いま注目の人」という内容で、コラムの中に私の名前を挙げてくれていた。

どこかで、知らないところで、見てくれている人がいるんだと思った。

やがて、一人、二人と賛同者が集まってきた。「あなたのファンです」と言われることが日増しに増えていった。

新聞の連載コラムを始めたときも、当初は反応の八割から九割が抗議だった。しかし、連載終了時には九割が賛同を示してくれた。

支持を得ようと読者に媚びたことはない。

ただ、持論をそのまま口にしただけだ。

何か新しいことをすれば、最初は非難がドッと届く。

それでも、歯を食いしばっていれば、しばらくすると必ず支持者が現れるのだ。

人間関係があるわけでもない相手から一方的に嫌いだと言われたからといって、悩む必要があるのだろうか。ましてや匿名の、名前すら名乗らない相手に対して。そんな相手を説得している時間はない。

むしろ、少しでも理解できる相手といかに早く手を取り合えるかが勝負なのではないだろうか。

*

さて本題。

なぜ私が怒れるようになったか、である。

私が言いにくいことを姉は簡単に言えたり、姉が言いにくいことを私は簡単に言えたりする場合がある。怒るハードルは人それぞれだが、何に怒るかは、個々人の体験の中で、積み上げられていくものだろう。

たとえば、私の場合、朝鮮人としてバカにされた経験は、私個人がバカにされただけではなく、他の同胞先輩も同じように朝鮮人ということで差別的な対応をされてきたことを教えてくれた。

自分の悔しさは、他の在日の悔しさと重なった。叩かれたのは私一人ではなかった。ということは、同じことがこれからも続くことを意味していた。

同胞先輩の涙、親の涙、友達の涙、祖父母の涙、女の涙……。

それらを目の前で見てきた経験が、確固たる意思を私の中に作り出した。

意思は、突然にできるものではない。

生活の中で、徐々に積み上げられ整理されていくものだ。

私が、身内から権力者に対してまで怒れるようになったのは、自分の中に私なりの確固たる基準が年と共にできてきたからだろう。

他者に対して怒れるためには、正しいこと、良いこと、美しいこと、公平なこと、合理的なことなどについて、価値観や基準が自分の中になければならない。その基準が明確であればあるほど、そこから外れた他者の行為や発言に対して、「なんだそれは!」「おかしいぞ!」と怒ることができる。

私にとっての基準とは、「自分より弱い者、小さい者はどんなことがあっても守る、助ける」とか、「女であることでバカにされてはいけない」とか、「経済が弱肉強食の資本主義であるならば、政治はどんなことがあっても弱者救済でなければならない」とか、「学問とは、学ぶことのできなかった者のために、なにができるのかを学ぶことだ」とか、「暴力では決して物事を解決することはできない」といったものだ。

私はこう思う、という基準が体験のなかで一つずつ積み上げられてきて、初めて怒ることができるようになる。

この基準があいまいだったり、確信がもてないと、怒りを感じても「ひょっとしたら自分のほうが間違っているのかも知れない」と怖気づいて、その怒りを率直に他者に表現できなくなる。

最近、元気が出る話をしてほしいという講演依頼が少なくない。

とくに、かつての進歩的知識人が講演した後に呼ばれることが多い。

「××先生をお呼びしたのですが、暗い気持ちになって出口が見えなくて……」

マジョリティの男の知識人の尻拭いを、マイノリティで無学な女の私がするのである。

構造的に言うと、住民投票の権利すらない私は、圧倒的に弱者なのに。

日本の左派の人たちや、リベラルで進歩的知識人といわれる「男」たちは、どうして影が薄くなったのだろう。冷戦の終焉や社会主義の崩壊で自分たちが寄って立っていた土台が崩れ、足元がふらついているのではないだろうか。

社会主義・共産主義の崩壊に面食らって足元がぶれた左派の経験と同じ経験をもつのは、日本の敗戦直後の右翼国家主義者や天皇主義者たちだ。

ところが、その右翼人士の子どもたちは、生まれたときから金と力で囲われているからか、面食らった経験がほとんどない。想像力がなく近代史に関する勉強も不足している彼らは、動揺した親の世代をふがいないと思い、何も考えずに元気にナショナリズムを唱えている。

小泉政権下には、そうした右翼人士の二世、三世がうじゃうじゃしている。

何かに依存して、それが崩れて、動揺したり面食らったという経験は、私にはない。私は、社会主義国家に連なる民族団体からも、資本主義国家に連なる民族団体からも叩かれ、日本社会からは排除され、国家とか民族とか組織という後ろ盾を一度も持つことなく生きてきた。

つまり、「国家」に連なって何かを支持してきたという後ろめたさがない。

四面楚歌のなか、自らをよりどころに生きてきた結果、ぶれなかったのだと言えるだろう。

だから、すべてに怒れるのだと思う。

もちろん、私が、強い相手には負けても向かっていくタチで、ちょっとばかり怒りっぽい性格であるということは、「怒り」を表現するときの大きな要素であることは確かかもしれない。

個人で生き抜いている者はぶれない。どんなことがあってもだ。

2　人間にとって「怒り」とは何か

「怒り」のパターン

怒りといっても、いろいろある。
漢和辞典を引いてみると、
「憤《ふん》」は、ふき出すように怒ること。
「嚇《かく》」は、真っ赤になって怒ること。
「慍《うん》」は、胸に不平がつかえ、むかついていかること。
「恚《い》」は、心をかどだてて怒ること。
「忿《ふん》」は、かっと破裂するように急に怒ること。

私は、「怒り」を大きく五つのパターンに分けている。
「噴火型」「イヤミ型」「放火型」「玄関マット型」、そして「問題解決型」だ。

「噴火型」とは、怒りを感じた瞬間から攻撃的になるパターンだ。大声をあげたり、怒鳴ったり、目の前にあるものに八つ当たりして壊したり……。

その多くは短時間で収まるが、中には、爆発を機に相手の失点・弱点を徹底的に追及することもある。

元国会議員の浜田幸一さんは、いまテレビの売れっ子であるが、人気の理由は意味もなく怒るそのスタイルだ。

彼が国会議員だったとき、地元の千葉でとんねるずの二人と一緒に、浜田幸一さんをゲストにしたイベントの仕事を請け負ったことがある。

会場から子ども連れの女性が「××についてどう思いますか？」といった、記憶にも残らないほどのとるにたらない質問をしたとたん、「おまえ、共産党員だろう！」と彼女を指差して怒鳴りはじめた。その後、延々と共産党に対する罵詈雑言が続いた。

物言えばすべて共産党員とする彼の思考回路はこっけいだったが、以降、会場からは何の質問も出てこなかった。

「朝まで生テレビ」によく出演していた映画監督の大島渚さんや作家の野坂昭如さんなどもこのパターンだ。彼らの逆鱗に触れたとたんに爆発する。私もその場に何度か同席していたが、なかなかの迫力だった。

しかし、この二人は爆発後すぐに収まるが、収まらないのが大学教授の西尾幹二さん。一度爆発すると、とにかく延々と持論を繰り返す。西部邁さんや舛添要一さんらは「あんた、そんなこと言ったって、××でしょ?」などと茶化したりする。

プロレスのショーのような番組、と評した人がいたが、たしかに役者の役割が視聴者に分かりやすく映像化されているという意味では秀逸な番組であろう。

「朝まで生テレビ」は討論番組ではない。まさに「噴火型」のショーだ。

この番組は、偏狭な右翼思想をテレビに映し出すことでこれに社会的認知を与え、また差別的な発言をしてもいいのだという「お墨付き」を与える役割を果たしてしまった。

番組初期の、たとえば作家の小田実さんと右翼の活動家野村秋介さんとの討論は歴史に残る議論だったが、そのレベルは維持できなかった。

「イヤミ型」は、その場では対応せずに、まったく関係のないときに、グサッと胸に刺さるようなことを言うパターン。

かつて、田原総一朗さんの番組に石原慎太郎東京都知事が出演したとき、田中真紀子議員の話題になった。

石原氏は「更年期じゃないの。もう年か。ちょっとヒステリックだよね」などと語り、さらに父親の故田中角栄元首相と比較して「劣性遺伝だよ。あれは」とも述べた。

これには伏線がある。

田中角栄元首相は日中国交正常化を実現した立役者だ。当時、「アカ（共産主義）の国とは付き合うな」という主張でできたのが、自民党タカ派の「青嵐会」。その中心人物が石原慎太郎。彼は反田中、反中国の先鋒だった。

親父憎けりゃ娘も憎い、しかも、彼の嫌いな「女」で「ババァ」で「反抗的」とくれば、なおさらだ。

もちろん、そのスタジオには田中真紀子さんはいない。

政治家の批評を、その力量への批判ではなく、本人にはどうしようもない属性によって行う。それが石原氏のやり方だ。しかも彼の場合は、「劣性遺伝」という単語の使い方すら間違えている。

石原氏は「遺伝子」や「ＤＮＡ」が大好き。相手を貶めるときに、不正確なやり方でこれらの言葉をよく使う。生まれながらに決まっている「遺伝」というものが、彼の差別感覚にぴったりなのだろう。

三つ目の「放火型」とは、自分では怒りを表現せずに、周りを焚きつけて怒らせるパターンである。

こんなことも、あんなことも、あれもこれも「あったのよー」と憤慨して見せたり、または、ひっくひっく泣いたりして、周囲の同情を引いて周りを焚きつける。放火型と噴火型がセットになると、最悪だ。

国旗国歌法案が可決されようとしていたとき、私のところに何通もの資料が届いた。教師たちからである。「学校の中ではこういうことが行われています、ひどいでしょ」、という手紙と資料なのだ。

実際、あまりにもひどい内容で、読んでいて本当に腹立たしかった。ところが、資料に添えられていた手紙には、私に声を上げて糾弾してほしいと書かれていた。一緒に声を上げよう、ではない。

しかも最後は、「私たちは現職の教師なので声を上げることができません(だから、日の丸あげて、君が代も歌います)ので、名前は決して公にしないでください」と締めくくられていた。

もちろん現場の状況は厳しいものがあるだろうが、この手紙を読んだとき、自分の中で、すうっと冷めていくものがあった。

こういう輩が、保守的な言論と戦うときに「アジアの人々」を弾よけに使うのだろう。

四つ目の「玄関マット型」とは、踏まれても踏まれてもじっと我慢して、怒りの感情を表に表さないパターンである。「どうせ言ったって」「いつものことだから」「気にしてもしようがないわ」「そのうちわかるでしょ」などと自分に言い聞かせて、怒りをなかったことにしてしまうのだ。

一見すると、「大人の対応」のように見えるが、これが一番の問題。

これを繰り返す人は、自分でも知らないうちに「怒り」が蓄積していて、それがある日突然、爆発する。その噴火の量と規模は、「まさか、あの人がねぇ」と言わせるほど。

代表的なものが、DV（ドメスティック・バイオレンス）の被害者による夫殺しだ。

どうして殺したんですかという質問に「長い間、夫からの暴力を受けていた」と。

これ以上やられたら死ぬかもしれない、というところまで追い詰められている場合が少なくない。

二〇〇三年九月、配送内職者による軽急便名古屋支店の立てこもりビル爆破事件は、記憶に新しい。個人事業主として契約していた容疑者が、仕事量の少なさ、それによる収入の低さ、そして支払いの遅さなどを恨んでの犯行とされている。わずか十数万円の振込みを確認した後、そのまま支店ごと炎上させて亡くなった。追い詰められ、蓄積した怒りが爆発したゆえの犯行と言えるだろう。

歴史的に見れば、テロもこの範疇に入る。

蓄積された怒りは、自分が想像する以上に大きなエネルギーを発する。


この四パターンは、いずれも問題解決にはならない。多くは、同じ問題を何度も繰り返し抱え込むことになるからだ。

この四つの怒りを克服した、怒りの表現方法がある。一般的には、自己主張の訓練のときに学ぶ場合が多い。それが五つ目の「問題解決型」だ。

これは、怒りの素を見つけ、すばやく対処するパターンである。本書で紹介する「怒りの方法」とは、この「問題解決型」の怒りの方法のことだとお考えいただきたい。

私のある知人などは、何か不愉快なことが起きるたびに、「くさい臭いは元から絶たなきゃダメ！」と歌いながら相手と向き合う。そして、自分が不愉快であることを伝え、相手の言動のどの部分に自分が不愉快に感じたのかを説明し、だからこういうふうに接してもらいたい、と相手の行動様式などの変化を求める「提案」をしている。

その知人は、「わたしゃ、ネゴシエーションのプロですからね」と、企業現場での交渉に比べればはるかに楽なことだと言う。「感情を爆発させるだけでは果実はとれない」のだそうだ。

そういえば、一般に交渉をやってきた人たちの対人スキルは目を見張らせるものがある。

いつだったか、法務省との交渉で不愉快な対応をされたときのこと。

私が、当時騒がれていた外務省の不祥事に引きつけて、「ほう、そうかい。法務省も外務省と変わらないな」と相手に言ったとき、労組にいて経営側と何度もハードな交渉をしてきた友人は、「そういう言い方しても相手はちっとも痛くないよ」と私を制して、そして一言。

「あんた、そんなこと言ってると、キャリアに傷つくよ」

脅かし方も違う。おみそれしました。

「問題解決型」の怒りとは、要するに何なのか。
これは、「キレル」とどう違うかを考えてみると、わかりやすい。
一言でいえば、

「怒る」は、言葉で自分の感情を表現すること。 「キレル」は、表現する言葉を失ったときの状態。

キレル人の多くは、表現力が稚拙であったり、語彙が不自由であったり。「そこまで言われたら殴るしかない」というのは典型。言い換えれば、

「怒る」は、人間関係を築き、つなぐためにするもの。 「キレル」は、人間関係を完全に切るためにするもの。

「怒る」は、人間性の発露であり、関係修復のためのものであるのに対し、「キレル」は、

人と人との関わりをやめること、もっと言えば、人間をやめることなのである。

だから、怒りをきちんと表現できるようになることは、豊かな人間関係を築くための第一歩なのである。

自己肯定が怒りを生み出す

私は、よく怒っていると言われるほうの人間だが、当初、その怒りは主に「社会の不正」に対しての怒りだった。向き合う相手はいつも権力であり、組織だった。

他方、個人的に、私自身が侮辱されたり、軽んじられたり、蔑まれたりすることに対して怒りを表すことはほとんどなかった。むしろ、儒教的な文化の中でそれを受け入れていたことさえある。私は、私生活に近くなればなるほど、さまざまなペーソスや人間関係がからんで、怒りを表出できなくなっていった。

自分自身を振り返ると、年を重ねるごとに、「これはヘンだ」という感覚を発見していったように思う。

子どものときは、朝鮮人であることで差別されるのはヘンだと思い、学校に行けば、後輩だからといって殴られるのはヘンだと思い、社会に出れば、女性だからという理由でチャンスが限られるのはヘンだと思い、政治家が差別発言を堂々としていてそれが社会に許容されるのはヘンだと思い、その都度、その「ヘン」と立ち向かってきた。

最後に立ち上がってきた「ヘン」が、家族との関係だったように思う。些細なことだが、「その一言」が言えなかったのだ。

思えば、私は家族に対して独特の関係性があったように思う。まずは、家長を頂点とした「儒教的」な感覚だ。家族一人ひとりが、それぞれの役柄に応じて責任と義務を負う、というような考え方。父は父として、母は母として、子どもは子どもとして。

しかし、その父と母は、限りなく哀しげで、よく泣いていた。守られるべき子どものままでは生きていくことができなかった。私にとって「家族」とは、守らなくてはならない存在だった。

経済力がつき、家計を切り盛りするようになっても、家での下働きは私の役割だった。年下だから「いやだ」とは言ってはいけないと思い、年上には注意をすることもできず、ただひたすら言われたことを一生懸命こなしていた。

怒りたくなるような瞬間でも、相手に対してふと頭をよぎるのは「可哀想」という言葉であった。

一家の経済的な支柱は、一〇代の頃から私だった。外で働き、家族の世話をし、周囲のトラブルを処理し、休む間もなく働く日々の中で、家族のための旅行の手配も、レストランの予約も私の仕事だった。誰も、手配も予約もしない。しかし、手配した先に対する文句はみんなで言う。

周囲は驚くかも知れないが、私は、母親に逆らったり意見したことは、四二歳になるまで一度もなかった。親は守らなければならないもので、どんなことがあっても逆らってはいけないと思っていた。

思えば、物心ついたときから、母は一貫して父の悪口を私に言いつづけた。その罵倒を聞いてあげさえすれば、母の気持ちは落ち着いた。同じ話を、耳にたこができるほど何度も聞いた。しかし、それでも癒されない母の姿があった。父が他界して十数年が経つのに、鬼のような顔で言いつづける母の姿はあまりにも哀しかった。

母が私を最大限に侮蔑するときに使う言葉は「おまえは父親そっくり」である。最後は、「おまえがいるから(夫と)別れることができなかった」と言われた。

確かに、父には大きな課題があった。

しかし、母にとっては他人でも、私にとってはただひとりの父親である。そのことが母にはわからない。

四二歳を過ぎて、私は初めて母に逆らった。

「いい加減にして！　父親の悪口を言うのはもうやめて。子どもの頃からガマンしてきたけど、これは虐待なの。文句を言うんだったら本人に言って」と。

母は、真っ赤な顔をして、おまえは頭がおかしいと叫びながら、自宅にあったヌカミソの樽を抱えて出て行った。

長い間、これはヘンだ、と感じてきたことである。この状態はもう厭だ、と思ってそれをついに行動に移したとき、小さなことではあるが、とても大きな解放感があった。

以来、母は「昔はそんな子じゃなかったのに、いつから変わったのかしら」と、聞こえよがしにささやかな抗議をしてくる。

「昔はガマンしていたの」とさらりと受け流している。

今、母の口から父の悪口は一言も出ていない。

他人から見れば些細なことだろうが、私にすれば、権力と闘うより、親や姉・兄に一言いうほうが葛藤があった。

同じ解放感を、ある知人は次のような体験で表現している。

役所に勤めるその女性は、バリバリ仕事をし、お酒もガンガン飲む。向かうところ敵なしといった感じの人だ。

ある日、彼女が書いた論文をパートナーがけなした。すると彼女は、何を思ったのか、パートナーの私物を窓の外に次から次へと投げ捨てたという。

彼女にしても、パートナーにしても、初めての経験である。そのとき彼女は、「私、怒っているなぁ」と思ったという。そして、怒るということはなんて体にいいのだろうか、なんて体中からエネルギーが湧いてくるのだろうか、と実感したという。

私はその話を聞いて、彼女のように自立している女性でも、自分のために怒るのはとても難しいことなんだなぁと思った。

多くは、侮蔑されると、悔しさのあまり涙が出てくる。しかし、そのひどさに対して「私は、怒ってもいいんだ」とは、なかなか思えないものだ。

怒るというのは、なんとも〝力〟のいる作業なのだ。

他人がどう見ていようが、自分がどう感じるかに正直に向き合えたとき、初めて怒りがその人のエネルギーとして湧いてくるのだろう。

人間は何のために怒るのか。

「私が私として生きるため」。この言葉が私には一番ピンと来る。

それは自分が、誰かにとっての自分――たとえば、家にとっての嫁、夫にとっての妻、子どもにとっての母、家にとっての後継ぎなどではなく、「自分にとっての自分」になるということだ。

罵倒されてもなんとも感じなくなってしまうのは、それは、自分が自分でなくなっている状態、乖離・分離した状態になったということだ。自分のことを嫌いになったら、自分のためには怒れないだろう。

ある友人は、自分のために怒れるようになったきっかけを次のように語ってくれた。

「私は、毎日、毎日、会社でいじめられていたんです。雑用だけ指示されたり、無視されたり。いつも一人ぼっちで、誰も助けてはくれなかった。それでも、私は毎日休まず通勤して、一生懸命働きました。今思い返すと、不思議なぐらいに」

「ある日、会社で歓送迎会があって、私が受付をやることになったんです。会の主賓は、私をいつもいじめてきた人。自分はその人のために、ニコニコしながら受付をやっている。そのとき、自分があまりにも惨めに感じたんです。そんな感覚は初めてでした。こんなに嫌われていて、それでも愛想良くしている自分がとても可哀想になった。こんな惨めな生き方をこれからもしていくのか、とも思った。そう考えると、目の前が真っ暗になった。それだけは、どうしても厭だった。そして、どんなことがあっても、自分だけは自分を好きでいようと思った。世の中のすべての人が私を嫌いでも、私は私が好きでいよう、とね。それで何かがふっきれたんです。それからです、私の人生が好転したのは」

今、その友人は、会社で女性初の管理職となり、その手腕を多くの人に期待されている。彼女に、さらに突っ込んで、どうしてそう思えたのか具体的に教えてほしいと聞くと、意外な答えが返ってきた。

「自分を好きでいようと思えたのは、たぶん、それまでの人生の中で、勝った体験、成功した体験があったからじゃないかな。私は成績がよかった。それは、私が勝手に成功だと思っているだけじゃなくて、他の人たちから見ても成功と思えるようなものだった。客観的な成功体験って言えばいいかな。私は、そこに希望を見出せたんです」

客観的な成功体験とは、たとえば、学生であれば、クラスで数学の成績がトップだったとか、運動会の徒競走で一番だったとか、美術で賞をとったとか、会社員であれば、営業成績がトップだとか、開発の責任者だったとか、プレゼンテーションが通ったとか、つまり、誰が見ても文句がつけられない成功の事実というものだ。他者からの評価による成功体験。それがあったから耐えられたと彼女は言う。

私がやっている企業研修の現場で、学歴で差が出る瞬間に出くわすことがある。それは、能力の差ではない。どの時点で「あっ、オレにはできない」とあきらめるかの差だ。

高学歴の者がえてして優秀な成績を収めるのは、その人の能力が高いというよりも、その成長過程の中で「やればできる」「私にわからないはずはない」という自信が身についているからだ。この自信は、過去の成功体験に裏打ちされている。

過去の成功体験 ―→ 自信 ―→ 怒り

ここでいう成功体験とは、自分が肯定された経験、と理解してもらいたい。失敗も成功も含めて、他者から肯定された体験が、怒るうえでは必要なのだ。どんなにひどいことをされても、過去に自分が肯定された体験がリベンジのためのとても大きな力になるのだ。

彼女は、怒りを忘れずに、効果的に怒ることを学習していった。効果的に怒ることを「社会性(の現れ)」と言い、「それがないと勝てない、理不尽な環境を変えられない」と言い切った。

しかし、そういう彼女の中にも、すぐに収まる怒りと、長い間収まらない怒りがあるという。収まらない怒りを忘れずに、いつか逆転させてみせるという意思を持ちつづけることが社会変革につながる。彼女は、そのようにしていつも、怒りをエネルギーに変えている。そして会社の中で「偉く」なったら、女性を差別しているその組織構造を改革していこうと決めている。だから、昇進するたびに電話がかかってきて「私、また偉くなったの」と嬉しそうに伝えてくれる。

彼女は怒りを忘れていない。

では、「怒り」を忘れた者たちが引き受けなくてはならない環境とはどういうものだろうか。

「三千年の収穫」というアフリカ映画を見たことがある。かなり前に見た映画なので細部は忘れてしまったが、おおよそのストーリーは、というと……。

ある貧しい村で、小作農の一家の下の娘が、地主から牛の世話を命じられ、世話をしているときに牛が川に流されてしまう。牛を救おうとした少女も一緒に流されてしまう。娘も牛も死んでしまうが、地主は牛が死んだことに怒り、せめて牛の皮を剝いでこいとその家族に言う。家族は娘の死を嘆くよりも、皮を剝いできたら少しは駄賃がもらえるかもと期待をするが、結局はタダ働き。そして、いつもと変わらぬ奴隷の日々が繰り返される。

そのことを知った、村で「狂人」と言われていた男性が、女の子の死に悲しみ、怒り、地主を叩きのめしに行くが、結局は地主側に付いた人たちに殺されてしまう。

バックには、「花嫁の衣装は三千年変わらなかった」と、古くからの歌が流れる。

娘が殺されても、家族は、怒ることもできずに、いや、怒りを忘れて、同じ毎日を過ごす。

……といったものだったように記憶している。

花嫁衣装は、変わらぬ奴隷の生活そのものの象徴であった。

私は、ここに「怒り」の本質を見て取りたい。

つまり、自分を強いと感じている人、自分を肯定できる人が怒ると、それは目の前の壁や障害を越えて行こうという、夢や願望になる。他方、自分が弱いと感じていると、怒りは表に出て来ないで、絶望となる。そしてそれは、そのまま無力感となってその人の心に沈殿してゆく。

私はこれを「怒りの方程式」と呼ぶ。

> 自分を強いと感じる（＋）×怒り（＋）＝願望（＋）
> 自分を弱いと感じる（－）×怒り（＋）＝絶望（－）

絶望や無力感は、決して怒りの素へは向かわない。

さらに、絶望を蓄積した人は、自分と似ている人を見るとパニックになる傾向がある。相手の中に、一番見たくない自分の姿を見るからだ。

自分より弱い相手に対して、叩いたり、壊したりすることで、自分の受けた傷と同等の傷を相手に負わそうとする。これについては次章で、ある殺人事件をもとにくわしく考えてみたい。

支配する側は、あなたの耳元でそっとつぶやく。

「寝た子（怒り）を起こすな」と。

怒りをきちんと認識しなければ、怒りを発散することも解決することもできない。怒りは、パワーにもなるし、自分を破壊するウイルスにもなるのだ。

男と女、怒りなき日常

男は「理性的」、女は「感情的」。さすがにストレートには聞かれなくなった二分法だが、いやいやどうして、今もこの神話は日本社会では根強い。

優秀とされる「理性」の対極に追いやられているのが「感情」である。

感情には信用がなく、子どもじみた恥ずかしいこと。感情を隠して動じないことが大人の男の証。そう多くの男たちは思い込まされてきた。泣いたり、笑ったり、感情を表現することは稚拙なことだと教えられたのだ。

男は、「女のようにならないように」と自分を矯正し、「男らしく」なろうと努力をする。ペチャクチャしゃべる男はバカにされ、軽く見られる。

感情表現は「女・子ども」の世界に押しやられた。だからこそ、男を最大に侮蔑するときには、「おまえは女みたいだ、女々しい奴だ」と言う。

感情が「感情的＝理性的でない＝稚拙」の枠の中に押し込められた結果、多くの男は「怒り」を表現することも、思う存分、怒りを体から解放することも、できなくなってしまった。怒ることにブレーキがかけられているのだ。

押さえ込まれた男の感情は、さまざまな形で噴出する。それは、身近なものに対する暴力であったり、自殺であったりする。

会議で反対意見を率直に言う?

多くは、無謀なことだと思うだろう。

談合社会の仕組みの中で生産性を上げてきた多くの企業にとって、会議は結果報告の場。始まったときにはすでに結論が決まっていて、そこで意見を言うと「会議の席で意見を言うなんて」と言われるほどだった。会議の席で声を上げるのは、「相手を切るとき」なのだ。

これは国会も同じ。

国会の場で議論をすればいいのに、それは決してしない。始まったときには、すでに結果が出ているのだ。テーブルの下で物事が決まる。

こんな社会だから、優秀とされる人材とは、たとえば上司が「おい、あれ、どうした?」と聞いたら、すぐさま三つくらいの案件から「これだ」と探し当てられる霊感師のような社員のことだった。そういう社員が社内で優秀とされ、ステップアップしていった。

「あれってなんですか?」「これってどういうことですか?」などと聞こうものなら、「あいつは何もわかっとらん」で終わり。

黙っていても理解できること、イコール優秀とされたのだ。

対等なタメ口などご法度。大勢と異なる意見など決して口にしてはいけない。だから、男たちの口は限りなく重くなる。支配と従属が基本だから、情報をキャッチボールするための言葉は必要ないのだ。

そういう世界で育った人たちが、思いをきちんと言葉にすることができるだろうか。

泣いたり、笑ったり、助けを求めたり、怒ったりすることは、人間として心のバランスを保つために必要なことだ。しかし、多くの男たちは、その成育過程で「泣いちゃダメよ、男の子なんだから」「じっと堪えて頑張るのよ」と言われて育てられ、「負けるな」「泣くな」「やり返せ」と教え込まれる。

やり返すときは「死ぬ気でやり返せ」と教わる。

死ぬほど頑張らなければ許されない。

負けることが許されない男たちは、だから負ける戦いはしない。

いつも勝ち馬に乗りたがる。結果として、多くはいじめっ子に加担してしまう。

そしてこれらの環境を加速させているのが、バブル崩壊後のリストラと政府の経済改革の失敗であろう。

この十数年、企業内研修はリストラと背中合わせで動いていた。四月の新人研修が激減し、中途採用者の即戦力研修が増え、リスクマネージメントの一環としてセクハラ研修が増大した。募集・採用・昇進などで女性を差別しつづけ、女性の能力がきちんと評価発揮されない企業には勧告が出される。それに従わないと企業名の公表がなされ、官報に記載されれば公的機関への入札から外される動きが出てきたからだ。

企業は、生き残るために、どこも必死にもがいている。その多くは、リストラで短期的な処置を施した。私が実際に目の前で見てきたリストラの中で、本当に能力がなくて首を切られた人は皆無に等しい。切られるのは、権力から遠い人たちだ。

もともとこの社会の採用現場は、ごく一部の技術専門職を例外として、多くは人間関係にもとづいて採用をし、なんでもできるゼネラリストとして扱う。だのに、リストラするときになって能力と言われても、リストラ担当者が能力を測れるわけではない。では誰から切るか。

権力から遠い人。たとえば、パート、アルバイト、非常勤、女性、労働組合で目立った活動をしている人、よく逆らう人、といったようにである。

リストラは、国労潰しで明らかになったように、権力に逆らった者からやられるのだ。本気で経営再建というなら、まず無能な経営者の首を飛ばさなくてはならない。自分の会社を潰しておきながら、退職金を何億と受け取っている経営者のなんと多いことか。

直属の上司に嫌われた部下の末路は、想像を絶するほど哀れで惨めなものになる。さらに、日本の場合、転職はスパイラルダウンとなる。今よりいい条件に恵まれることはまずない。嫌でも今いる場所で踏ん張るしかないのだ。

男性社員が、上に気に入られて円満な人間関係を築くためにどれほどの努力をしていることか。働けなくなった男に価値などないという空気の中で、職を失わないようにしようとする努力は、時に人間性をも否定するほどの状況を作り出す。

そこで自由な意思が表現できる、などと言い切れる人は、特権階級に属しているか、ビジネス社会の現実を知らないのだ。

女に求められるもの。それは「笑顔」と「可愛げ」。

「怒り」はこの対極にある。

女は、いつも笑顔で、一歩も二歩も下がって、皆様のおかげです、と謙虚でいることを求められる。女へと追いやられた「感情」は、ここでも安住できないのだ。

女は、「主人」に仕える従人、縁の下の力持ち、家族の「要」として、いつも自分以外の人への気遣いを求められ、夫や子どもを受け入れる最終避難場所であり、いつも慈愛あふれる「母」であることを求められてきた。

妻や母になったとたんに人間としての尊厳はどこかに行ってしまったかのように、家族に対する思いやりを持ちつづけることを強いられてきた。

女が聡明であったり、率直にものを言ったりすると、とたんに「冷たい」「高飛車」「礼儀知らず」「女らしくない」「何様だと思っている」と切り返され、「自分の立場をわきまえろ」とまで言われ、それでもなおかつ自分の意思を伝えると、「口答えをする」「生意気だ」「反抗的だ」「可愛げがない」と叩かれ、挙句の果てには「ヒステリー」と罵られてきた。

気配りが賞賛され、愛ある女性が求められる。積極的であったり、信念をもって行動したり、はっきり主張すると、男勝りと揶揄される。

言いたいことを言ったり、男を恐れない行動や創造的な行動、革新的な行動をとったりすることは、長い間、女には求められてこなかった。それどころか、「怒り」の感情を直接表現することは下品で悪しきことだと、幼いときから教え込まれてきた。

だから、性的な嫌がらせを受けても、人間関係を崩さないように笑顔で対処しようとして周囲を混乱させる。セクハラで加害者が「おまえだって喜んでいたじゃないか」などと暴言を吐く例が跡を絶たない理由の一つに、この「笑顔＋否定的な表現」がある。

セクハラされたとき、笑いながら「課長〜、いや、よして」と言ったら、それこそ相手は「いやよ、して！」と自分に都合よく解釈してしまうのだ。相手の独り善がりな幻想を助長する素地がそこにできてしまう。また、笑みによってその場をとりつくろうことに慣れてしまったので、何を考えているのか伝えられない。

きちんと「怒り」を表現できなかった結果として、隙ができて、つけいられてしまう。

男が言葉を奪われてきたなら、女もまた言葉を奪われてきたのだ。

怒りを封じ込めようとする人たち

「まあまあ、ここはひとつ大人になって……」「そんなこと言ったって……」「感情的だ、ヒステリーか?」「他でやってくれ!」などなど。

自分が不愉快であると表現するたびに、なぜか止めに入る人たち。そして、怒りをぶつけている側ではなく、ぶつけられた側に同情する人たち。

傍から見ると、怒っている人が問題で、それをなだめようとする人が人間的にできた人、またはいい人と解釈されがちだ。

かつて、暴行事件が起きたとき、被害者が応戦をしていたら、警察官が間違ってその被害者を取り押さえ、加害者を逃したという珍事もあったが、この社会では怒りを爆発させている方がどうしても分が悪くなる。それを多くの加害者は利用する。

怒ったとたん周りが引いた、なんて経験をもつ人は少なくない。

なぜなら、「怒り」は嫌われものだから。

喜怒哀楽の中で、喜びと楽しみは人々を幸せにするし、哀しみは心のひだである。しかし、「怒り」となると、ランクが下がる。それは、感情表現の中でも特に劣ったものとされている。

私はこれを、「感情の劣後債」と呼んでいる。

「怒り」はよほど運が良くなければ救われず、救われるときも最後の最後でしかないからだ。

しかし私は、何度も言うように、「怒り」こそが、人間性回復のために最も必要な感情であると確信している。

怒りを止めようとする人たちは三種類いる。

①怒りの素、怒らせた本人

ディスカウントストアの敷地内にあるエスニック飲食コーナーに、友人と立ち寄った。そこの韓国料理店の主人から、ボッタクリに近いひどい対応を受けたので、即日ディスカウントストアのお客様担当に抗議をした。

すると翌日、ひどい対応をした本人から電話がかかってきた。

「アー、ワタシハ、ヨルオソクマデ、シゴトシテルヨ。アサ、タイヘンダケド、デンワシテル。ワルカッタネ」

「何が悪かったと思っていらっしゃるんですか?」

「ワルイトオモッタカラ、デンワシテルンジャナイカ!」

どの点に問題があったのか認識もしないで、謝ったもくそもない。

そして、「アンタ、ヨノナカイロイロヒトイルネ、イイヒト、ワルイヒト、ダカラ、ウンガワルカッタトオモッテ、ユルサナクチャ」「ココロヲヒロクモッテ」と説教を始めた。

「申し上げたいことは三点です。まず、どこが問題なのか、きちんと認識してください。次に、お金を返してください。そして、二度とあこぎな客引きをしないと約束してください」と言うと、「ワルイトオモッタカラ、デンワシテルンジャナイカ! アンタ、ユルサナイノオカシイ」とこちらを非難する。

あんたが怒りの素なんだから、許すか許さないかは私が決めること。

こういうふうに、自分が置かれている立場がいつまでたってもわからない人は多い。当事者として向き合うことができないのだ。

小泉政権などは、まさにその典型であろう。

「構造改革には痛みが伴う」「痛みは一時的なものだ」と言い放つが、だいたい誰がその痛みを作ったのか。

不良債権処理もまともにできず、犯罪的な経営者の処罰もせずに湯水のように公的資金（税金）を投入し、「改革」の名の下、人々に痛みを押し付けては、この程度の痛みは我慢しろと言う。小泉政権が守ったのは一部の特権階級と大企業であって、そこにいる人々ではない。リストラという名の首切りをし、給料として支払うべき資金を会社にプールして赤字を少なくしたから、（みなさまのために）改革が進んでいると言っているのだ。

改革に失敗して最後に行き着く先が「我慢」なのである。

痛みを我慢しましょうと政治家が訴え、教育に手をつけようとするときほど社会が危ないときはない。戦前の昭和恐慌につっこんだ浜口雄幸内閣とそっくりだ。

教訓その1　差別して、叩くやつほど、道を説く

②大　衆

弱者が怒りを表現するとき、日本の大衆はどういう感情の動きをするか。熊本の温泉街で起きた「ハンセン病回復者の宿泊拒否事件」を見れば、それがよくわかる。

宿泊拒否後、ホテル側は、他のお客のためであるとか、自分たちが被害者であるかのように強弁を繰り返し、回復者との会談の場では本社の決定として宿泊を拒否すると明言していた。だが、テレビや新聞などで報道されたとたん、回復者の施設を訪問し、あくまでマネージャー個人の判断で拒否したと言い逃れの謝罪をした。その姿は、私の目にも、不祥事を出して「世間を騒がせたから申し訳ない」と謝罪する過去の経営者たちとなんら変わらない姿に映った。このいつわりの謝罪に対して回復者たちが受け入れを留保すると、大衆の怒りは回復者に向かった。謝罪を受け入れない回復者を口汚くなじる電話やファックス、手紙が殺到したのだ。そして、会社側がホテルの営業を停止するという発表がなされると、嫌がらせはさらに拡大した。

ちなみに、ホテル側は、「私たちのせいで回復者を非難しないでください」などというコメントは今のところ出していない。

「権利ばかり主張している」という言葉がある。日本の大衆は、自分より惨めな立場にいる者に同情するのは大好きだが、彼らが差別と闘ったり、異議申し立てをすると、とたんに攻撃を始める。

人権というのは、国籍にも、民族、性別、所属にも関わりなく、人間であれば普遍的に保障される。この当たり前の認識がこの社会にはない。

ホテルに向かっていた「はけ口としての怒り」がそのまま、「生意気な回復者」へと移っただけなのだ。

大衆の怒りは、はけ口を求めてさまよい続けている。

そして、それは権力者によって野放しにされ、利用されている。

教訓その2　声出せば、無知な大衆、敵になる

③巻き込まれたくない人たち

巻き込まれたくない人たちの多くは、応援団や支援者のふりをする。やっかいなのは、一見、あなたのためよと思わせる人たちだ。

北朝鮮による日本人拉致が明らかになったあと、在日に対する未曾有の嫌がらせ暴行事件が起きた。

このとき新聞では、「朝鮮学校に励ましのメールやファックスが」といった「美談」が報じられた。

「そんな日本人ばかりじゃないのよ」「頑張って」と投げかける言葉を掲載する側に想像力のかけらもない。その言葉の後ろからは、「私はあなたを殴ってないわよ」「私はあなたにひどいことしていないからね」「だから、いつかあなたが強くなっても、私にだけはやり返さないでね」という本音が聞こえてくる。保険をかけているに過ぎないのだ。

本当にこの問題を解決していこうとしているなら、やられている方に「頑張ってね」なんて決して言わない。被害者には「理不尽なことで泣き寝入りしてはいけない」と励まし、彼らを支えて、同時に加害者側に「そんなことするな！」と言うべきなのだ。

しかし、いつも頑張る被害者が美しいと表現され、暴力をふるう方は野放しにされる。そして、こういう輩に限って、「未来志向で」とか口にするのだ。「現在を相殺して、未来に向かって」なんていうことは、問題を隠蔽して泣き寝入りを勧めているに過ぎない。

> 教訓その３　〝ガンバレ〟は、飛び火を避ける、保険かな

ニセモノの見分け方は簡単だ。自分はその問題にどう関わるのかを、明確に表現できているかどうかで判断しよう。自分の問題として捉えて、どう関わり解決しようとしている

のかが見えるか見えないか。

「僕は、今日の出来事は決して忘れない」「私は、この問題を、今度の××で言ってみる」「自分は、許せないと思うから、そういう人たちと出会ったら、その場で反論する」「私は、将来、この問題を解決するために、必ず政治家になる」「僕は、どうしてこういうことが起きるのか、もっと深く勉強して、自分に何ができるか考える」など、なんでもいい。関わり方のレベルはまちまちだ。それでも、他人事ではなく、その問題を解決していこうとして主体的に向き合っているかどうかが大事なのだ。

以前、在日の子どもへの暴行事件が多発したとき、当時の海部俊樹首相は、記者からの質問に、「僕がやったんじゃない」と答えた。

たしかに、アンタがしたわけではないだろう。しかし、加害者を野放しにしている責任はあるのだ。やらせた空気を作ったのは、政治家の責任だ。しかも、政治家の仕事は弱者救済なのだから、責任がないなんて言えないのだ。

日本の政治家で、朝鮮半島との関係がきしんだときに、「朝鮮半島との関係がどんなに危機的になっても、日本国内にいる在日の人権は必ず守る」と発言した者など、いまだかつていない。

国際社会で言う「大人の国」とは、その国にいる外国籍住民の人権をどのように扱っているかによって決まる。

日本は、その意味では責任のとれない、あるいはとりたくない子どもの国と言えるのかもしれない。いまだに天皇の赤子《せきし》(赤ん坊＝自分の意思では何もできない指示待ち人間)の国だということか。

3　抑圧された怒り

弱者に向かう怒り

総理府の調査によると、二〇人に一人の女性が、死ぬかもしれないと思うほどの身体的暴力を夫や恋人から受けたことがあると答えている（総理府「男女間における暴力に関する調査」二〇〇〇年二月）。

「おまえ、誰に食わせてもらっていると思ってるんだ？」

そうやって妻を怒鳴りつけ、暴力をふるう夫たち。その多くは、会社では上司に平身低頭している。

部下に対するのと同じ物言いを、社長や役員に対してする者はいない。不愉快なことがあったのなら、そのままその相手に向かえばいいのに、自分より弱い者や、身近にいて言いやすい者にぶつけてしまうのだ。彼らは決して、自分を抑圧している相手に文句を言うことがない。

怒りは、怒りの素に向かわなければ、その根源はなくならない。

しかし往々にして、怒りの原因とは関係ない、身近で自分より弱い立場の者に向けてそのエネルギーは爆発してしまう。夫から妻へ、上司から部下へ、妻から子どもへといったぐあいに。

それはなぜか。

押さえつけられた感情がついに爆発して怒りをぶつけてしまったとか、コミュニケーション能力が不足しているからといった見方も根強いが、本当にそうなのだろうか。

「すっきりするからよ」「反撃してこないと確信しているからよ」「計画的にやっているのよ」。こう訴える被害者は少なくない。

『DV加害者の実像は？』という冊子がある（ウィメンズカウンセリング京都、32号公開講座報告集）。このなかの、文化人類学者沼崎一郎氏（東北大学）の発言から、しばしば同じような経過をたどるDV（ドメスティック・バイオレンス）の動機を見てみたい。

男性は暴力を使い分けています。妻と子ども、弱いものに対してだけ爆発させる。普段はニコニコして、職場の上司や警察官のような権力者に対してはペコペコします。周りからみると、いかにもいい人で、「まさか、あの人が」ということになります。

……堪えきれずに爆発するのであれば、駅前で爆発してもいい、会社で爆発してもいい。ストレスやイライラなら会社のほうがはるかにある。上司に理不尽なことで怒られて、ムカッとして殴るかといえば、決してそんなことはない。ちゃんとこらえて、酒飲んで憂さ晴らしして、おとなしく自宅に帰って来るのに、自宅に帰ったとたん、今度は会社でのストレスを口実にして妻と子どもに暴力を振るう。だから男は「暴力を選んでいる」のです。

暴力をふるう多くの「男」は、自分が悪いことをしているとは思っていないという。それどころか、反対に、「オレを怒らせるおまえが悪い」という思考回路になる。

暴力をふるわれる側からDVを見ると、同じことをやっても殴られるときと殴られないときがある。いつ暴力が来るかわからないので、常にビクビクし、相手に気を遣い、とにかくなんでも言われた通りにする。そのうちに、何をやっても逃げられないのだという状態に追い込まれる。

これがDV加害者のねらいである、と沼崎氏は断言している。

相手の言いなりになるしかないと妻子に思わせるために、ときどき、突然殴りつける。

これはコミュニケーション能力の不足でも、不満が蓄積したわけでもないのだ。その裏には、強い者は弱い者に何をしてもいいのだという信念に近いものがあるのではないか。

もうすこし沼崎氏の話を聞こう。

……大多数のＤＶ加害者はちゃんと暴力を使い分けており、外では噴火口に蓋をしているのだから、本当は家の中でも蓋ができるはずなのです。その証拠に、接近禁止命令や退去命令を出されると、やばいと思って蓋をするＤＶ加害者がいます。相談に来る女性の中にも、ＤＶ法ができてから夫は殴ることだけはやめたという人がいます。ちゃんとわかってやっている。わかってやっている証拠はいろいろあります。目立つから顔は殴らない。骨が折れると病院に行かないといけません。そうすると、いくら転んだと弁解しても折れ方がおかしければ医者もわかる。だから、骨のある腕や足は殴らない。おなかを殴れば痛みはあるし、傷は残っても服で隠れてわからない。だから殴る。子どもを殴る時も、髪の毛のあるところを殴る。そうすればこぶができても外からは見えません。学校でもわからないわけです。本当に抑えきれずに爆発するのなら、こんな巧妙な殴り方はできないはずでしょう。

……DV加害者は、暴力は相手をコントロールするために非常に有効で手っ取り早い手段だと学習し、時と場所、相手に応じて「選んで使って」いるのです。また家庭でも学校でも社会でも、いたるところで、強い者が暴力で弱いものを支配する姿を目の当たりにし、暴力による支配がいかに効果的かを身をもって知っている場合には、特に暴力を選びやすくなります。

……暴力ほどわかりやすいコミュニケーションはない。……暴力をふるう男はちゃんとコミュニケーションができています。一番有効なコミュニケーションの方法として、暴力を選んで使っている。そして、自分より強い相手には暴力は「通じない」とわかっているからこそ、決して外ではしない。会社や近所では違ったコミュニケーションの方法を選んでいる。

……捕まらないとなれば、やり放題です。……痴漢も捕まらないと思っているからやるわけです。

殴られる女性たちは、抵抗できない状態にさせられてしまう。「無力感」と「恐怖感」

が彼女たちの心に充満している。

被害者の多くは、「自分より強いものに立ち向かって克服した体験が少ない。だから、相手を必要以上に大きく感じて、そして、「どうせ言ったって殴られるばかりだ。今だけ我慢すれば何とかなる」とあきらめてしまう。

だが、そう思わせるところに、加害者のねらいがあるのだ。

あきらめてはいけない。

小学校から不登校で、のちにフリースクールに行き、大検受験を経て四年制の大学に入った友人がいる。不登校をつづけていたころ、彼女は、親から「恥ずかしい」「おまえはバカだ」とか、「死んでくれればよかったのに」と言われつづけていた。もちろん、自分でも何もできないと感じていたが、ある日、父親に「おまえこそ、バカだ!」と言い返した。口にした後、怖くて怖くて震えたが、恐れを感じたのは彼女ではなく父親のほうだった。その日から娘に対する言葉遣いも接し方もガラッと変わったという。

相手の想像を絶する迫力で向き合ったとき、今までの関係性が崩壊し、新しい関係性が生まれてきたみたいだと彼女は言う。同時に家族による彼女への視線は、大学入学とともに変化したという。

「あの一言が、効いたようです」

そうつぶやいた。

「そのとき、どうして口に出して言えたの？」

「（あんなに抑圧された）学校に行ける子の方がヘンだ、と言われたから（自分は間違っていないんだと思った）」

彼女は、教育県として名高い地域で育った。学校現場ではいまだに軍隊式の教育がまかり通り、子どもの意見は重視されず、受験のために塾に通うのが当たり前で、学校の人間関係は崩壊していた。競争といじめと無視が混在し、家に帰れば「世間体の嵐」である。壊れない方がおかしい。自分と同じように感じている人がいた。しかもその人は、彼女の境遇に「とんでもない」「許されない」「なんとひどい」と激して、自分以上に怒り涙してくれたという。

父親とは違う価値観が社会にはある、自分は間違っていないのだと実感したのだ。

彼女にはこの自己肯定体験が、さらに一歩前に進むための原動力となったようだ。

なぜ殺人に至ったのか、なぜ抵抗しなかったのか

「自分の手で殺したい奴はいるか?」と聞かれたことがある。

殺したいくらい憎いと思う奴、怒りを感じる奴はたくさんいるが、本当に殺せるかというと、私にはおそらくできない。

人は、どういう時に、どういう状況で人を殺すのだろうか。はたして怒りは殺人をもたらすのだろうか。

二人を殺してしまったある事件から、「怒り」と「殺し」の一つの相関を見てみたい。なお、個人が特定されないようにいずれも仮名にし、話を一部加工してフィクションをまじえてある。

＊

十数年前の話である。ある都市で、一九歳のカップルが殺された事件があった。

殺したのは、一六歳から二〇歳までの男女六人。

事件の概要は、車の中にいた二人に襲い掛かり、女性を強姦し、男性を無茶苦茶に殴った果てに、二人とも紐で首を絞めて殺し、山中に埋めたというものだ。

加害者の六人——。

主犯とされたのは一九歳の男　シンイチ

小柄でヤセ型。眼光するどく精悍な顔立ちだが、笑うと子どもの顔になる。彼はヤクザに見込まれて、三下として組に入ったが、朝起きられず逃げ出してきて、左官の見習いになったばかり。唯一の財産は、ローンで買った中古のクラウン。事件は、この車が深くかかわっている。

共犯　一七歳の男　マサユキ

身長一八〇センチの巨漢。シンイチと一緒にヤクザから逃げ出し、共同生活。同じく左官の見習い。

共犯　二〇歳の男　ジュン

ヤクザの運転手。兄貴分の目を盗んで車を乗り回している。小柄で物静かで無口。シンイチとマサユキは組を逃げ出したが、彼は我慢してやめなかった。主犯のシンイチについていくようなタイプである。

共犯　一七歳の女　アヤ
　小柄でおとなしく、ごく普通に見える女の子。シンイチと半同棲。
共犯　一七歳の女　ヨシコ
　中肉中背。見るからにツッパリ娘。
共犯　一八歳の男　ユキヤ
　クリーニング屋の手伝い。取り立てて目立つところはない。

　シンイチとマサユキとジュンとアヤの四人は仲間だった。その中でシンイチはリーダー的存在だった。ヨシコとユキヤの二人とは、四、五日前に出会ったばかりだった。

　その日、六人は、何か面白いことはないかと、駅前にある鉄塔付近にずるずると集まっていた。

　当時、夜になると、そのあたりには若者たちが集まってきて、鉄塔の周りの道路をサーキット場にしていた。だが、シンイチらは、激しく走り回る車列に加われるほど、運転がうまくはない。アヤにもヨシコにも車からは声がかからない。彼らはただ、見学しているだけだった。

「つまらない。何か面白いことないか」。ヨシコが言った。

シンイチが即座に反応した。「バッカンやろうぜ」

バッカンとは、カップルが乗っている車を襲い、ドアを開けてカギを奪い、金を巻き上げることである。その巻き上げたお金で遊ぶ。しかし、実は彼らはそれまで一度もバッカンをしたことがなかった。

六人はシンイチの車と、ジュンの兄貴分の車でバッカンの対象を探し始めた。

最初のカップルが見つかった。マサユキが手にした木刀でカップルの車の運転席のドアガラスを叩いた。しかし、ガラスが割れないまま車は急発進した。シンイチの車にかすったが、カップルは逃げた。二台で追いかけるが、結局追いつけずにそのままとなる。

シンイチとマサユキは、「もう一度やろう」と言い張り、山の手の公園に行った。そして一九歳のカップルの車を見つけた。今度は、逃がさないように、二台でしっかりブロックして襲いかかった。

今度もマサユキが何度も車の窓を叩いたが、うまく割れない。そして、急発進した車がシンイチのクラウンにぶつかった。シンイチは激怒した。バールを持ち出し、車の窓やライトなどを滅茶苦茶に壊し始めた。その勢いに他の者たちも同調した。そして二人の男女は外に引きずり出された。

女性は流行りのブランドもののシャツを着ていた。ヨシコは「脱いで渡せ」とすごんで奪い取った。ついで、上半身を裸にしたまま駐車場の路面に立たせ、「下半身も脱げ」と全裸にさせた。そして、陰部めがけて、スポーツドリンクのビンにはいったシンナーをふりかけた。彼女は無抵抗だった。

「やっちゃえ」

ヨシコの一言で、ジュンとマサユキが車から五〇メートル離れた茂みに彼女を連れ込み、強姦した。ここでも彼女は、まったく抵抗しなかった。

他の者は、被害者の車を徹底的に破壊し、男性にヤキを入れた。

二人とも、何をされてもまったく抵抗しなかった。

暴行は何時間もつづき、夜明け近くになった。近隣の住民が散歩に出てきたため、このままではまずいと急遽、車に二人を乗せ、シンイチの家の近くの空き地に移動した。

興奮状態のシンイチが男性に「金(車の修理代)よこせ」と迫った。

すると被害者は、持ち合わせがないこと、家にもそのような金はないことを告げた。

六人は、「どうしようか……」と途方にくれた。

単なるカツアゲだったものが、大事に発展した。それでもシンイチにとっては、自分の車の被害の回復が、第一だった。修理代をどうやって手に入れるか……。

シンイチが、被害者の女性を「風俗店に売って、金にしよう」と口にした。「オレはルートを知っているから」と。そして、「男はヤル（殺す）」とみんなに言った。

するとヨシコが、「そんなことできるの？」と、試すような言葉を口にした。

「夜が明けたら兄貴分に電話を入れるから、それまで待とう」。シンイチが言う。

その間、自動販売機が並ぶ国道沿いで、被害者と共に朝食を食べた。被害者は逃げようとしなかった。

シンイチが兄貴分に電話をすると、「バカ抜かせ」と一喝されて終わり。

ジュンとユキヤは、仕事があるからと言って、「あとは任すから」とその場を離れた。ヨシコも「疲れた、あほらしい」と言って帰った。

仕事のないシンイチとマサユキとアヤ、そして被害者の二人が残され、シンイチの部屋に戻った。だが、これからどうするか、自分たちだけでは決めることができない。

マサユキはその部屋でもう一度その女性を強姦した。しかも、彼は、彼女に付き合ってほしい、と言った。

夕方になるのを待って、シンイチがみんなに電話をして招集をかけた。ユキヤとヨシコは来たが、ジュンとは連絡がとれない。そして、喫茶店に集まった。

マサユキは被害者二人を逃げないように監視していた。

ユキヤは「仕事があるから」と言って帰ってしまった。

ヨシコ、アヤ、シンイチ、マサユキ、そして、カップルの二人。

「どうする?」

「誓約書を書かせればいい」

ヨシコの発案で、初めて解決策が見つかった。ヨシコの眉墨で「修理代七〇万円を働いて払います」と書かせた。約束が取れたことで、あとはどう実行させるかを決めるためファミリーレストランに移動した。

シンイチと被害者の二人がレストランに向かった。シンイチはジュンとユキヤの了解を取るために電話をしている間、二人をレストランのレジの前で待たせていた。しかし、連絡が取れない。そこで、シンイチは二人に「もう帰っていいよ」と言った。

ヨシコとマサユキは車に残って、レストランが空くまで待っていた。

被害者の二人は店から出て、ゆっくりと歩きはじめた。

その様子を見て、車にいたヨシコが店にはいる。

「二人を逃がしたの？」。ヨシコはシンイチに単に尋ねただけだった。

その言葉にシンイチが反応し、マサユキに「逃がすな。連れ戻せ」と命令して言った。

二人はすでに繁華街を安心してゆっくり歩いていた。しかし、マサユキが「戻って来い」と言うと、二人とも素直に戻ってきた。

そして結局、二人をまたシンイチの車に乗せてしまった。

ヨシコが言う。「朝の話はどうなった？」と。

「場所を選ぼう。今日は無理だから明日だ。ジュンがきてからだ」

シンイチは話を先に延ばした。そして一行はラブホテルに泊まる。そこに翌日の夕方まていた。

その間、シンイチは何度もユキヤとジュンに電話をするが、「忙しい」とユキヤは断り、ジュンは電話がまったく通じない状況となった。

ヨシコが、「いつまでぐずぐずしているんだ」と言う。

あいつらは逃げている、それじゃあ、自分たちだけでやって、根性のあるところを見せてやろう、ということになった。

そして、シンイチの車で墓場に移動した。墓場で殺して埋めてしまえば、発見されない、と考えたのである。男性を地べたに正座させて、目にガムテープをし、ロープを首に巻きつけて、シンイチとマサユキが両端を持つ。そしてタバコを口にくわえながら、「綱引きだぜ」と言って、かけ声をかけて首を絞め始めた。しかし、うまくいかない。「いっせいのせ、でやろう」とやったが、それでも失敗した。

二人とも腰が引けていて、うまく紐を引っ張れないのである。

「助けてください」。男性が初めて命乞いをした。

「許すわけにはいかん」。そう言いながら三回目の首絞めが始まった。

今度はうまくいった。体が前に倒れて、男性は殺された。遺体はトランクに入れられた。

車にいた彼女の目にもガムテープが貼られていた。

「お兄ちゃんをどうしたの?」

彼女は彼のことをお兄ちゃんと呼んでいた。

「帰した」

「殺したんでしょ」。彼女が言った。

「お兄ちゃんを殺したんなら、私もお兄ちゃんのところに行きたい。殺して」

もう後戻りできない。

「どうやって(女を)殺すか」

「海に捨てちゃえ」

「海は死体が浮いて出てくる。やめよう。山の中で殺して埋めれば、出てこない」

シンイチの新たな提案を受けて、みんなはこれに同意した。シンイチはいったん車をアパートに戻し、スコップを手にした。

シンイチの提案は、単なる時間稼ぎだった。その間に何かが起こって、事態を解決してくれるのではないかと期待していた。しかし、何も起こらなかった。言った以上は、やらざるをえない。必死でジュンに連絡を取り、強引に仲間に連れ戻した。トランクの男性の遺体を見せて、イキがった。

一同は車を走らせ、山の上の細い道を分け入って、さらに上に移動した。沢の脇の空き地に、穴を掘った。そして、女性を穴の前に座らせて、首を紐で二重巻きにする。シンイチとマサユキが、今度は一度で殺せた。そして運んできた男性の遺体と重ねるようにして二人を埋めた。

*

六人の特徴を、関係者は「ハンサムでもない。美人でもない。カッコよくもない。全員がダサい感じだった」と言う。

ヨシコは独白する。「殺すことよりも、殺すなと言うことのほうが怖かった。殺すなと口にしたら、誰からも相手にされなくなる。そのほうが怖かった」

殺しの「綱引き」をしたシンイチとマサユキ。この二人も偶然にもヨシコと同じことを口にした。

彼らは、ヨシコの前で、やったことがないのにバッカンを持ち出して、目の前を疾走する鉄塔族と張り合った。ヨシコの「バッカンなんてできないじゃないか」という、その言葉にますます引けなくなった。

ヨシコの「やっちゃえ」で、ジュンとマサユキが強姦をする。彼らは、強姦するつもりはなかったが、腰抜けといわれたくなかった、と言う。ヨシコの言葉は、あらゆる場面の引き金となった。だが、もちろんそれは、彼女の意図したものではなかった。

夜になり、二人の処理に困ると、ヨシコの「どうするの?」の声でまた反応する。すでに彼らにとって、血だらけの二人は「お荷物」でしかなかったからだ。

シンイチが「足手まといだから殺して捨てちゃうか？」と言うと、ヨシコが「そんなことできるのか？」とバカにする。そうすると、「できる、難しくない」と虚勢を張る。

彼らの共通点は、学校の中の不良仲間からも落ちこぼれた子どもたち、ということだった。彼らには、もう後がなかった。

シンイチとマサユキの二人とも、男性の首を絞めて殺すとき、相手が引っ張るのを待っていた。相手の引っ張る力に合わせて自分も引っ張る。そのせいでタイミングがずれる。掛け声をかけあって、三回目でやっと首を絞めることができたのだ。

シンイチの書く文字は、決して罫線からはみ出ることがない。全部がきれいに整わないと不安でしかたがない。字を間違えると真っ黒に消す。

二人をファミリーレストランで解放したのは、これで「あの血と泥で汚れた奴らと一緒にいなくてすむ」「楽になる」と思ったからだという。二人が乗ると、車が汚れる。それがシンイチには我慢ができなかった。シンイチにとって中古のクラウンは、自分と同じぐらいに大切なものだったのだろう。だからそれが傷つけられて、一気に逆上した。

そしてシンイチは、「根性なし、意気地なし」とヨシコにバカにされることが怖かったと言う。「人を殺すことに怯えている」と思われること自体が屈辱だった。

マサユキは、小さい頃からいじめられていた。体が大きいので運動部に入れられたが、下手なので先輩にいじめられた。そして、いつも別のグループの奴らからバカにされていた。免許もなければ、車も持っていない。自分をアピールできるのは暴力性しかなかった。

ジュンは、小さいころ生き別れになった母を訪ねて上京をした。だが、やっと会えたのに「帰れ」と言われて、黙って帰ってきた。

シンイチは、公園での暴行で、二人に対する怒りは消えていた。ましてや修理代を払うという誓約書で問題は解決していたのだ。

他の者は初めから被害者に対して怒る理由はなかった。


では、何に彼らは怒ったのか。そして二人を殺してしまったのか。

抵抗しない二人に自分の姿を見て、その姿に怒りをつのらせたと、彼ら自身は分析している。彼らの目に映っていたのは、過去いくたびとなくいじめられつづけ、そして、いつも無抵抗だった、そのみじめな自分であった。

ヨシコも被害者に「なんだ、おまえたち(どうしてやり返さない、どうして何も言わない)」と言い、自分自身に対する怒りを二人にぶつけている。

ヨシコは、審理中に泣いたことがある。

二人を連れ回していた朝、朝食をみんなで食べているときに、被害者の女性にもパンを渡した。だが、彼女はパンを握ったまま、食べようとしなかった。

「どうして食べないの?」。ヨシコは聞いた。

「あの世でお兄ちゃん(彼)と一緒に食べるから」と言われた。

ヨシコは、「だから二人を一緒に埋めてあげたかった」と泣いた。


では、殺された二人は、なぜ抵抗しなかったのだろうか?

恐ろしくて何もできなかった。——おそらく、このことが一番大きいだろう。

しかし、私は、あることを聞いて、はっとした。

女性はマイノリティだった。

男性は、自分の家の商売を継ぐために、同業の他の店に入って修業をしていた。そこに中学を卒業した女性が住み込みに入ったのである。

この事件の加害者と被害者には、なんとも言えない共通した空気がある。

それは、双方とも、同じように排除されていた経験があるからではないか。今までも理不尽なことをされてきたが、怒ることも、抵抗することもできず、それでもなんとか生き延びてこられた。

ひどいことをされても、死には至らなかった。その経験が危機感のなさとなって、黙っていれば、抵抗さえしなければ、その場から解き放たれるという思い込みをさせ、無抵抗にさせたのではないか……。

それがかえって加害者の暴力に火をつけてしまった。

無抵抗は、多くのいじめられっ子の特徴でもある。いじめられっ子は抵抗しない。一人でひたすら耐える。学校にも親にも助けを求めない。いじめっ子は、抵抗されないことが不快で怒る。そして、悲劇は起こる。

「学習した無力感」という言葉がある。ラットを使った研究で、動いたり抵抗したりするとギュッと締めつけ、大人しくしていると放す。それを学習したラットと普通のラットを、それぞれ水槽の水の中に入れる。

普通のラットは、水際で六〇時間もあがいて死んだ。学習したラットは、そのままピクリともしないで水の中で死んでいった。

無力感を自分のものにしてしまうと、あがくことを忘れてしまう。怒りは、自己の無力感への抵抗となるのだ。

4　怒りの表現力

ある日のこと。

クライアントの女性部長と海外研修のチケットを手配しに旅行代理店に行った。

窓口の女性は、無愛想で、返事もせず、資料をテーブルの上に投げた。何か言うたびに「はぁ」と不愉快そうに対応するのだ。

私はむっとした。そして、店長を呼びつけて苦情を言おうと思った矢先に、隣にいた部長が、「あんた、態度悪い」と相手を直視して短く一言いった。

窓口の女性は、ぎょっとしたまま、「す、すみません」と謝った。

その姿があまりにも素直だったので、少し、おかしくなった。きっと、その窓口の女性は、他人から侮蔑した視線で見られたことはあっても、そんなふうにきちんと指摘されたことがなかったのかもしれないと思った。

そう思うと、上司を呼びつける、という自分のやり方はいかにも意地の悪い感じがした。

その女性部長のような「勇気」は、当時の私にはなかった。

単刀直入に、短い言葉で意思を伝えることは、とても効果がある。

「怒り」の表現力で参考になるのが、沖縄の伊江島の闘いでつとに有名な阿波根昌鴻《あはごんしょうこう》さんだろう。

かつて米軍占領時の伊江島は、島の土地の六割が軍用地に取られ、爆撃などの演習地として使用された。家が壊されても、何の補償もなされなかった。

土地を奪われた人たちの命は虫けら同然であり、殺されても訴えるところすらなかった。

米軍を相手取っての過酷で長い闘いの日々、彼らは怒りを見事に表現した。

彼の著書『米軍と農民』(岩波新書)は、私がくじけそうになったときにひも解く本だ。この本から、その一部を抜粋しよう。

――折衝に当たっては――

「おじけることなく肩を張り、戦争には負けたが、精神的には一等国民であり文明人であるという自覚の下に、堂々たる落ちついた表情で、目は相手を見つめ相手を良心的に圧倒する態度が大切であります」

――闘争する仲間たちが守らなければならない「陳情規定」――

「必要なこと以外はみだりに米軍にしゃべらないこと。正しい行動をとること。ウソ偽りは絶対語らないこと」

「会談のときは必ず坐ること」

「耳より上に手を上げないこと」

「大きな声を出さず、静かに話す」

「道理を通して訴えること」

「軍を恐れてはならない」

「人間性においては、生産者であるわれわれ農民の方が軍人に優っている自覚を堅持し、破壊者である軍人を教え導く心構えが大切であること」

ここには、「怒り」を伝えるための基本がある。

声を荒げたからといって怒りが伝わるものではない。確固たる意思表示こそが怒りを最も効果的に伝える。怒りの表現力にとって最も大切なことを、阿波根さんは教えてくれる。

この章では、どうすれば効果的に怒れるのか、その方法を具体的に紹介しよう。

怒りをぶつける前に

①恐怖心を取り除く――「本当かな？」と一歩引いてみること

テレビで発言をしはじめたころ、脅迫電話や嫌がらせが続いた。尾行して一日の行動を逐一チェックしているぞ、と思わせるような内容が留守電に録音されていたり、自称「右翼」から電話がかかってきたり、毎朝定時に無言電話がかかってきたり、酔っ払いから怒鳴り散らす電話が入ったり、丸ごと一本ファックス用紙を使い切るまでファックスが届いていたり、と千客万来だった。

時には、殺害予告が留守電に入っていることもあった。

テレビ局などは、たかが数本の抗議電話で恐れおののいてしまうところもある。では、どうして私は平気でいられるのか。

簡単なことだ。どんな人物が、何の目的でそういう行動をとるのか、私には見当がつくからだ。

彼らのほとんどは、自分の抱える問題をこちらにぶつけてきているだけである。私をそのはけ口にしているだけなのだ。

当初、心の支えになったのは、「匿名で嫌がらせをしてくる人が、本当に行動に移すまでには相当の距離がある」という、ある心理学者の言葉だった。本当に刺す人は、何も言わずに刺す。殺そうと思った相手にわざわざ予告などしない。嫌がらせをする人の真の目的は、私を脅えさせ、萎縮させることにあるのだ。それが面白くて楽しいのだ。

ところが周囲は、「気をつけてね」「変な人がいるから」と恐怖心をあおるようなことばかり言う。こういう言葉をかけられると、かえって萎縮してしまう。彼らには、相手より私のほうがはるかに怒っていて、万一出会ったら私のほうが相手を殴るかもしれない、という認識が欠けている。

インターネットで遊ぶのが大好きな私の友人がこう言った。

「一〇〇件や二〇〇件嫌がらせが来たからって何だっていうの。俺一人だって、一日で一〇〇〇件以上の嫌がらせをやろうと思えば簡単にできるよ。だってそれがＩＴってもんだろ。第一、あなたにはその何百倍も支持者がいるじゃない。そっちを見ないで、ダレ見てんの？」

その通り。

彼の持論は「ネット社会では暇人が勝つ」だ。嫌がらせも脅迫も、暇人だからこそできる。時間があって、今の自分に不満をもっている人たちなのだ。

まさに、「小人閑居して不善をなす」である。

あるとき、友人がテレビに出演したときの発言をめぐって、「抗議のメールが届いた」と相談してきた。聞いてみると、たったの三本である。多くの人はそれだけで怖気づいてしまう。

「名前を明らかにして、誠意を込めて意見を言ってくるのなら、こちらもきちんと対応したほうがいい。でも、匿名を利用して嫌がらせや脅迫じみた抗議をしてくる人に、応答する必要なんてないよ」。私はこう答えた。

友人は、「でも、インターネットでいろいろ書かれたら……」と、どんどん恐怖を膨らませている。

「書かれたっていいじゃない。だいたい匿名で嫌がらせをしてくるような奴が、周囲に人気があって、人間性豊かで、友人がたくさんいるなんて思うの？」

きっと同じことを何度も繰り返しているのだ。直接、電話もできず、名乗ることもできない可哀想な人ではあるけれど、おびえる対象ではない。

②「怒り」を一晩寝かせよう——「怒り」を認めて、体をリラックスさせる

人は誰でも、怒りを感じると、体や顔が赤くなったり、ぶるぶる震えたり、動悸がしてきたり、息苦しくなったり、緊張して肩が張ったりしてくる。これは人間にとって自然な反応だ。

しかし、そのままでいると、心までもが体に引っ張られて、緊張してしまう。

私は心に余裕がないと判断を誤ることが多いので、怒ったときほどなるべく早くリラックス・モードに切り替えるようにしている。

リラックスとは「怒り」を忘れることではない。自分の中に「怒り」があることをきちんと認めたうえで、怒りによって硬直化した心と体をリラックスさせるのだ。そうしないと、怒りが間違った対象に向かってしまったり、怒りをぶつけても効果的な結果をつかむことができなくなったりしてしまう。また、先に述べた恐怖心を取り除くためにも、リラックスするのはよいことだ。

「いまこの瞬間に怒らなければならない」という切羽詰った状況でも、一拍おいて、深

呼吸しよう。これは一番手っ取り早いリラックス法だ。私は、その場で深呼吸した後で、「私は怒っている」と口に出すと、かなり落ち着く(相手が目の前にいる場合には、心の中で大声でそう叫ぶ)。

できれば、「怒り」を強く感じても、それを一晩寝かせておいたほうがいい。そして、心と体を十分にリラックスさせて、翌日、行動に移ればいいのだ。

リラックスの方法は人によって大きく異なるから、自分に適したリラックスの方法を見つけることが大事。

ヨーロッパで社会学を学んでいた友人は、「五分間だけ気分が良くなることを、一〇個考えて紙に書いて貼っておくんだ」と言った。いざというときはその紙を見ればいいので、これは案外効果的。ちなみに、彼のリラックス法の第一は「フルーチェを食べること」。これには笑ってしまったが、牛乳に混ぜるだけですぐできるこのヨーグルト風デザートが子どもの頃から大好物で、不思議と気分が静まるという。

周囲で人気があるリラックス法はというと、「お風呂に入る」「散歩に出て外の空気を吸う」「庭いじりをする」「ジョギングをする」「香を炷《た》く」「食べたいものを食べに行く」「酒を飲む」「カラオケで大声で歌いまくる」などがやはり挙がってくる。

なかには、「好きなタレントの写真を眺める」「新聞紙をびりびりに破く」「恋人に抱きしめてもらう」というのもあった。

怒りを解放するために自分の時間をもつことは、「怒り」を認めるうえで本当に役に立つ。リラックスすれば、「この点が腹に据えかねるなぁ」「この部分が我慢ならねえなぁ」ときちんと認識できる。そうしたことをいったんちゃんと納得すれば、適切な言動をとることができるようになる。

「緊張した体に支配されない心」で怒りをぶつけること、これが効果的に怒るときの第一条件なのだ。

ちなみに私の一番のリラックス法は……家中を掃除することだ。家中をピカピカにして、使わないもの、いらないものをどんどん捨てていく。物を捨てるとそれだけで気持ちがすっとする。

「おまえも、おまえも、おまえも捨ててやるぅ！　だーっ！」と。

そしてシーツを真新しいものに換え、部屋の明かりを全部登山用のランプにする。お風呂から上がったら、炎を見ながら、部屋中をラベンダーの香りでいっぱいにして、とっておきのワインを一本あける。

あーさっぱり！
ぐっすり。
翌朝、リラックスした頭で作戦開始。

効果的に怒る方法・その1——技術編

何でもそうだが、ノウハウだからといって、全部やらなければならないということはない。

この中から、自分がやりやすいものを一つだけでもいいから選んでやってみれば、そこから違う可能性や、自分にあった怒り方が少しずつ見えてくるはずだ。

① 感情を簡単な言葉にする

「ひどいわ」「頭に来た」「冗談じゃないわ」「不愉快だわ」「許せない」「とんでもない」「もういやだ」などと、そのときの感情を、まず端的に言葉にしてみます。

ほとんどは、もうそれだけで十分な場合が多いです。

しかも、この一言は、自分にとっても大きな意味を持ちます。

なぜなら、今のこの状態はいやなんだ、限界なんだ、耐えられないんだ、ということを自分自身に納得させることができるからです。

②同じ言葉を繰り返す

相手が納得しなかったら、同じ言葉を、二度、三度繰り返すことも効果的です。繰り返すことで、意思の固さを伝えることができます。

悔しくて涙が出ても、歯を食いしばっても、その思いは周囲には伝わりません。大事なことは、言葉にすることです。

自分の怒りの感情を自分で受け入れることができれば、多くの場合、次の言葉も適切に出てきます。

③ストレートに表現する

人が怒っているときの、目つき、口もと、顔の向きなど、一つ一つきちんと考えてみてください。

顔が笑っているのに、声が怒っているなんて、とても変なことですよね。

ところが、多くの人は、「怒り」を表現してはいけないと思い込まされているので、怒りを静めようとして、笑みを浮かべる人が少なくない。

これは禁物。相手が混乱してしまう。

声、体、表情が一致しなければ、その感情は伝わりません。

ちなみに、これは、愛もいっしょ。無愛想な顔をしながら、気持ちを理解しろというのは無理。

すべての感情は、自分でも照れるほど大げさにやっても、相手には自分が思うほど伝わっていないものなのです。

④いつもの声の高さで話す

その瞬間、大きな声が出てしまうことはあります。

しかし、感情を伝えるときには、いつもの声の高さが一番説得力があります。

無理して甲高い声を出す必要もなく、あらぬ抑揚やイントネーションをつけて、からかっているとかふざけているように受け取られては元も子もありません。

最初の一声を出したら、深呼吸をして、そして話し出すと声の高さが調整できます。

最初に甲高い声を出すと、その声で自分が興奮してしまい、どんどん甲高くなります。

自分の声が上ずっていると、さらにあがってしまいがち。

こういうとき、いつもより一段低い声で話し始めると、その低い音が自分の耳に入り、「あっ、私はあがっていないんだ」と感じて落ち着くことができます。

声は、自分の感情をコントロールするうえで、とても大切な要素です。


音域を広げるためには、発声・発音練習が一番。

まずは、腹式呼吸の獲得から。

鏡の前に立って、肩が左右ずれていないか確認し、鼻から息を吸って口から出す。

このとき、胸が大きく動いていたら、胸式呼吸をしている可能性が高い。

右手を腹に、左手を胸にあて、息を吸い込むときに腹に空気が行くように意識して呼吸をする。

たくさん吸い込んだら、いったん止めて、「あ」の音を出しつづける。

最低三〇秒、「あー」の音を出すようにする。

喉を締めつける感じがある人は、遠くに向かって音を出してみる。

ここで、何か具体的なシーンを想像すると、多様な音域の声が出てきます。

たとえば、海辺で船に向かってとか、山で山頂にいる友人に向かってとか、駅で電車に乗ろうとしている人に向かってとか、想像すると声は出やすい。
あえいうえおあお／かけきくけこかこ／させしすせそさそ……
五十音を一通りやると、顔の緊張がとれて、表情が出てきます。
無表情は、怒りでもなんでもありません。
怒るときは、怒る表情があります。勘違いしないように。

⑤相手の方に体を向け直視する

相手をまっすぐ見ることは多くの人が苦手です。
とくに、目を見て話すことは、それだけで、どきどきして緊張します。
しかし、その相手に体を向け、顔を見なければ、怒りは伝わりません。
確固たる意思は、相手を見ることによって伝わるのです。
これを何度か試した友人たちの共通点は、話し終わった後、「手が震えてた」でした。
自分では大したことないと思っていても、体は緊張していたのでしょう。
この体験を数回すると、多くは手が震えなくなります。

他方、このスタイルで「怒り」をぶつけられた人は、どんなに強そうに見えても、そうとうダメージが大きいものです。

どうしても、相手の顔を見続けて話すことができない場合は、目線をまず相手のどちらかの耳に持っていき、話しながら、胸元に目線を落とし、反対側の耳に目線を上げるという方法(V字目線)があります。

これは、目線を落とすことで相手が話しやすくなるという、コミュニケーションを円滑にする手法として使われていますが、こちらも話しやすいというメリットがあります。

怒りを伝えることは縁を切ることではないので、このような表現方法も有効でしょう。

⑥話の内容のポイントは「具体的な指摘」

相手の言動を具体的に指摘する。

それが自分にどう映るか、だからどうしてほしいのかを伝える。

たとえば、「とてもひどい言葉だと思いました。私が別の部屋に移動したとき、「女だからさぁ」というあなたの言葉が聞こえたんです。女性だから文句を言う、私の意見が稚拙で、口うるさい女だと言っているように私は感じました。そういう表現はなさらないでください」というようにです。

「あんた、女だからってバカにしてるんでしょ！」なんて言ってしまうと、それで終わり。

いつでも、具体的に相手の言ったこと、やったことのどの部分を自分がどう感じたのかを伝えることです。

⑦一回につき一つの「怒り」

怒り始めると、どんどん過去の怒りが湧いてきます。

あれもこれも、これもあれもと。

しかし、これはルール違反だと肝に銘じましょう。

怒るときは、具体的に一つのことにしぼる。それが確実な問題解決につながります。

⑧目の前の、小さなことから実践してみる

怒りを伝えることは、とても勇気が要ります。

誰にとってもしんどく大変なことですが、一度できると本当に、「なーんだ」という感じがするほど、心も楽になります。

実践が大事。

そのためには、目の前のとても小さなことから始めるべきです。

私の甥っ子は、母親に怒鳴られたとき、「お母さん、もう止めて。もうそれ以上言ったらいけないよ。だって僕はとってもたくさん傷ついたから」と言ったそうです。母親は、それ以上感情をぶつけることができなかったといいます。甥っ子は、いつも、不愉快であるとその思いを言葉にしていました。ですから、感情をぶつけられても、きちんと対処できるのです。

⑨目標を決める

怒るときに忘れてはいけないのが、どこで落とし前をつけるか、ということ。

私の友人は、「謝ってもらうまで」が第一段階だという。

怒ったら最後、これで終わりよ、では人間社会は成り立たない。何度も言うようだが、怒るのは人間関係をより豊かにするためなのだから。

相手が何をしたら自分は許すのかを決めておき、できればそれをきちんと相手に伝えること。

怒りをぶつけるだけぶつけて、ではどうすればいいの、と言われたときに、自分で考えろ、では先に進みません。

謝ってもらって、代金を返してもらうのか。

謝ってもらって、他の商品に換えてもらうのか。

謝ってもらって、次回の発言の場をちゃんと確保してもらうのか。

謝ってもらって、公平な抽選にしてもらうのか。

それは、自分で決めなくてはなりません。

そして、そこが何よりも大事なのです。

⑩人間関係の継続を示す、シメの言葉

意思を伝えたら、必ず、相手との人間関係を築き直すボールを投げる。

「聞いてくれてありがとう」

「気持ちをちゃんと伝えられて良かった」

「話せる時間が持てて良かった」

「思いを伝えられて、ほっとしています」

「関係を改善しようとしてくれたことに感謝します」

など、人間関係を切るのではなく、発展させていくために意思表示をしたのだと伝えてください。

このとき、説教調になったり、怒ったことに対する言い訳をする必要はありません。ただ、意思を伝える時間がもてたことを相手に感謝して、その思いを伝えるのです。

効果的に怒る方法・その2——スタイル・パフォーマンス編

スタイルは、人間の気持ちを大きく左右する要素を持っています。

たとえば、正装をすると、気持ちもなんだかピシッと引き締まった感じがします。

その意味で、スタイルから入るほうが楽な場合もあります。

①服装

着こなしは、大きな意味を持ちます。

それは、相手との関係がどうありたいのかを表現する大事なツールだからです。

大事なお客様だと身なりをきちんとしますが、気心の知れた相手ならカジュアルなスタイルでも気後れしません。

戦前の軍服が戦後はスーツに変わったように、背広は戦闘服の意味を持ちます。

抗議をするとき、NOと言うときなども、スタイルが印象の多くを決めます。

これは経験則ですが、そんなとき役に立つのが、「直線8と曲線2の法則」。

テーラードスーツのようにカチッとした着こなしだけだと、とても硬くて緊張関係になりますが、そこに軟らかさを二割加えると、バランスが良くなります。

逆に花柄のフリルのついたワンピースなど、軟らかさばかりの服装だと、全体のイメージが弱くなってしまいます。

おすすめは、スーツにハイネックのセーターや色のシャツ、といった組み合わせです。カーディガンを羽織ったカジュアルなスタイルだけれど、髪はきちっとまとめてみるというのもいいですね。

全体の中に、八割の直線的硬さと二割の曲線的軟らかさ（色なども含め）をバランスよく入れると、印象はぐんとよくなります。

そして、大事なことは、必ずその姿を誰かに見てもらうことです。

自分が好きなスタイルと似合うスタイルは違うことがよくわかります。

②姿　勢

姿勢を保つときは、必ず、深呼吸をしましょう。

そして、壁にぴたっとへばりついて、かかと、お尻、肩、頭がきちんとくっついた状態で、一歩前に出る。

肩幅の広さで足を開いて立つ。

脇は、ひじのところに玉子が一つ入ったくらいの感じで、少し空間をとります。

手は軽く握り、親指は進行方向に突き出す。

そのまま意識して歩いてみる。

これが、一番いい姿勢と言われています。

その感覚を覚えたら、あとは、相手の方向に体を向けるだけ。

これは、実は、簡単なようで難しい。

なぜなら、体は正直なので、苦手とする人を前にすると、どうしてもはすに構えてしまいがちだからです。

必ず相手の正面に立つこと。

③足
歩幅をいつもより、靴一個分広げて歩く。

そうすると、さっそうと、自信ありげに見えます。

それから、座っても足は組まないこと。

④目

目つきはとても重要な意味を持ちます。

とくに、体が動かず、目だけ先に動くと、それだけで策士のような感じで、何か裏にあるだろうと受け取られがちです。

目は必ず、白目と黒目のサンドイッチにすることが大事。

つまり瞳が目の真ん中にきていること。

それが誠実な向き合い方です。

目線の高さは、相手と同じ高さに意識してもっていきます。

相手が座っていたら自分も座り、高さをあわせます。相手が高い場合は、座っていただきましょう。

なぜなら、目線の違いは、それだけで相手に対する威圧になったり、恐怖感になったりするからです。

⑤あ　ご

あごを下げていると、顔が暗く見えます。

顔に光が当たらず、影ができて、何か隠しごとをしているように受け取られがちです。

このとき、二センチほど、あごを上に上げてみてください。

自分で意識しても、その半分くらいしか上がっていませんが、それでも、顔の表情が明るく見えて、よい印象をもたれます。

人と対峙するときは特に、ちょっとだけあごを上げるよう意識してみましょう。

⑥手

手に持ったものを、いじくりまわさないこと。

　これは、あがっていたり、緊張していると無意識にやってしまうものです。

座ったら、必ず、手をテーブルの上に置くこと。

　手が見えないと相手は心を許しません。

腕は組まないこと。

　腕を組むということは、私に近づくなという拒否のメッセージになります。

それでも、どうしても怒れない人のために

それでも、どうしてもハードルが高くて……という方に。

まずは、自分の日常生活の中で、不愉快であることを伝えることから始めてみてはいかがでしょうか。

NOと言える私になるために、まず、言いづらいことを口にしてみましょう。

①言いづらかったことを思い出して、紙に書く

今まで言いづらかったことを思い出してください。

たとえば……

マッサージに行ったら、店員さんに何度も会員になるよう勧められた。それまで楽しく話していたが、会員になる気はないので断りたい。

レモンティを注文したのにミルクティがきた。換えてもらいたい。

注文した料理がなかなか出てこないので、催促したい。

会うたびに同じグチを何度もこぼす友人に、もう話を聞かされたくない。

家族で団欒中に、近くまで来たからと友人から電話がかかってきたが、断りたい。

週末使うかもしれないスコップを近所の人が借りに来たが、断りたい。

帰りの支度をしていたら、「これ、明日までに」と上司から仕事を渡された。断りたい。

指定された時間までに企画書を持参したのに、上司は指示したことを忘れていて、「そこに置いといて。来週見るから」と言われた。抗議したい。

飲めない酒を勧められたが、断りたい。

宴席で、女性の下半身に関する話が始まったが、その話を止めさせたい。

お客様の対応に女性のスタッフが出て行ったら、「男の人はいないの?」「責任者を出して」と言われたので、女性が対応するのに問題があるのかを問いたい。

自分の指定席に他の人が座っていたので、どいてほしい。

疲れているのに恋人がセックスを求めてきたのを断りたい。

……さまざまなシーンを思いつくまま、書き出してみてください。

② 順位をつける

長い間言えなかったこと、関係が近すぎて言えなかったことなどは、難しい方に入るでしょう。

超難関、難関、なんとかなりそう、いますぐできそう、ぐらいに分けるとわかりやすい。たとえば、「××さんに電話をかける」というのがなかなかできないとき、これは、本心はかけたくないのです。

やりたくないのをやらなくてはならないから、体が拒否するのです。これはとても難しい部類に入るでしょう。

最初のトライは、自分にとって一番易しいものから。

③本当はどうしたいのかを紙に書く

不愉快だったことなどを思い出したら、次に、本当はどうしたかったのか、どうしてほしかったのかを紙に書いてみましょう。

たとえば……

気に入らない服を勧められた。

→他の服を探して欲しい。

↓買わずに店を出たい。

↓本当に似合っているか確認したい。

など、そのときの自分の本当の感情はどこにあったのかを、ゆっくり思い出して書いてみる。


商品が腐っていた。

↓新品と換えて欲しい。

↓お金を返して欲しい。

↓お金を返してもらって、さらに新品をただで欲しい。

↓他の商品と換えて欲しい。

といったように、具体的に、自分に問いかけてみてください。

④言葉のダイエットをする

言いたいことがぼんやりと見えてきたら、今度は切っ先を磨きます。

言いたいことをストレートに表現するために、無駄な言葉を剥ぎ取り、五〇文字ぐらいで表現できるようにしてみる。

前置き、いいわけ、物語・ウソを取り除き、単刀直入に表現する。

「このお店には何度も来て、気に入っていた店なのに、どうしてなのかわからないのよねぇ。最近、古いものばかり売ってるとみんな言ってるし。別に私はあまり気にしていないんだけど、でも、このままでは、おたくの信用問題にもなると思うしねぇ。これ、どう思います？（と商品を見せる）ご近所に聞いたら、これはひどいって言われて、そうかなぁと思って、来たんだけれど、バスを二回も乗り換えたのよね」などと話していたら、相手は真意を測りかねてとまどいます。

「買った商品が古かったので、鮮度の高いものと換えてください」

とストレートに言いましょう。

これを何度も、何度も、鏡の前で練習します。

⑤ **現場を想定して、リハーサル**
相手役（安心できる人）を決めて、自分の言い分に対して否定的な言葉を相手から言ってもらいます。

「そんなこと言ったって、うちじゃこれは普通ですよ。みなさん、喜んで買っていってますよ」

「この値段で売っているところは、うちぐらいですよ」

「品物を換えてください」

「こんなんじゃ、商売成り立ちませんよ。第一、中身はまったく問題ないじゃないですか」

「品物を換えてください」

というように、相手が何を言っても、自分の意思を伝えてください。

ここまで機械的にはできないという方は、相手の言葉をそのままオウム返しにしてから、自分の意思を表明しましょう。

「みなさんは喜んで買っていても、それでも換えていただきたいのです」

「この値段で売っているのは、この店ぐらいでしょう。でも、私は換えていただきたいのです」

「中身に問題はないかもしれません。しかし、私は換えていただきたいのです」

というように、相手の言葉をそのまま返して、かつ、自分の意思を伝えると、驚くほど周囲の環境は変わります。

それでもドキドキする場合は、その気持ちを言葉にしましょう。

「私は、いま、ここであなたに話すのはとても怖いんです」

「足が震えています」

「心臓がドキドキして、破裂しそうです」

「いまでも、言っていいものかどうか、迷っていますが」

「こういう経験は初めてですが」

といったように、正直に感情を出してストレートに言う。

「とても言いにくいのですが、この商品を換えてください」

強い自分を無理して演じなくても、自分を取り巻く環境を変えることは十分可能なのです。

嫌がらせをしてきたら、即答する必要などありません。

「お客さん、ちょっとおかしいんじゃない。いるんだよね、こういう人。どこが古いの？　これが古いと言ったらもう何も売れないよ。言いがかりはやめてもらいたいね」

と、一気に攻撃的に出られても、大丈夫。

混乱してしまったときは、

「あなたの言葉の意味を考えますので、少し、お時間をください」

と一言いって、気持ちが落ち着くまで黙っていればいい。

そして、

「商品を換えてください」とまた言う。

この沈黙の数秒が、相手に対する強烈な意思の現れとなって受け取られます。

沈黙の後、それでも換えてほしいということは、確固たる意思以外のなにものでもありません。

相手の土俵に乗らないこと。

自分の土俵で勝負すること。

5　怒りをぶつけられたとき

自分できちんと怒りを表現できる人は、相手の怒りも受け止められる。

そういう人は、自分に向かってくる相手の怒りが正当なものなのか、それとも八つ当たりなのか、簡単に見分けられるものだ。

だが、自分の感情を押し込めている人は、相手の感情にも鈍感になってしまいがちだ。ましてや、まずわが身を守ろうという姿勢になってしまうと、相手が何を訴えているのかさらに見えなくなり、相手の怒りの正体がつかめずに、かえって相手を怒らせてしまうことにもなる。

不思議なものだが、私も怒りをきちんと体から解放できたり、表現できたりするようになってから、相手の怒りもさほど動揺せずに受け止められるようになった。

そう、私にとって怒りは怖いものでもなんでもなくなったのだ。

この章では、相手から怒りをぶつけられたときに、どう対処したらいいのかを紹介しよう。

相手の怒りを静めるには

以前、原宿に事務所を構えていたとき、フリージャーナリストたちと一緒のフロアにいた。

あるとき、仕事のことでその中の二人がつかみあいのケンカになり、フロア全体が騒然となった。ふと振り向くと、日本国籍のスタッフたちはいっせいに扉の向こうに避難している。私の周りに残っているのはアルバイトに来ていた在日の女性たちだけ。

その中の一人が、「うちじゃ、いつもやってるわ、この程度」と言ったとたん、大爆笑になった。

日本社会では人が大声で怒鳴っているという光景は稀だろうが、私の周囲のマイノリティの世界ではそれは日常的とも言える光景だ。だからマイノリティはこの程度の殴り合いにはびくともしない。それが良いことだとは思わないが、少なくとも、騒がしい空間に慣れていると感情をぶつけられても動じないものだ。

労働組合で働く私の友人は、怒りをぶつけられても微動だにしない。

彼女は、怒っている相手に向かって、まず「何で怒ってんの?」とストレートに聞く。

これでほとんどは拍子抜けするという。

つづけて、「原因は何?」「どうすればいいの?」と端的に聞く。

何が相手を怒らせているのかはっきりしないときは、相手に聞くことが一番だ。相手が怒っているそのことに対して謝るなり説明するなりしなければ、問題は解決しない。

頭を叩かれて怒っている相手の手にバンドエイドを貼ってあげても、解決しない。


さて、本題。

実際に怒りをぶつけられたら、どうすればいいか。

⑴ 危機的な場合は逃げること

対応に困るのが、相手が興奮して大声で怒鳴っていたり、暴力をふるわれそうな場合。

そういう危機的な状況のときは、過去の経験上、次の三つが効果的だった。

①その場から逃げる

理不尽な怒りに対しては、とにかくその場から急いで逃げる。逃げることは決して悪いことでも卑怯なことでもない。

②大声で一言いう

「静かにしなさい」「やめなさい」「ストップ」「やめて」など、向こうの迫力に負けないぐらいの大声でぶつける。一瞬ではあるが、こちらのペースに持っていくことができる。けれども、これはなかなか勇気がいる。驚いて体が凍ってしまっている場合もあるからだ。声が出ないなら周囲にあるもので大きな音を出すという友人もいるが、むしろ、カラオケや発声練習などで普段から大きな声を出しておくと、体が声を出すことを覚えていて楽に出せる。

③連続して同じ言葉をいう

「やめなさい！」「やめなさい！」「やめなさい！」といったぐあいに。

「やめなさい」「静かにしなさい」「ちょっと聞きなさい」「落ち着きなさい」といった言

葉を一つだけ、何度も繰り返す。

知人のKさんは、養護学校の先生をしている。

ある日、チンピラ風の男性が若者に絡んでいるのを目撃し、とっさに二人の間に割って入った。彼女は、その男性を後ろから羽交い締めにして大きな声でこう繰り返した。

「怖くないからね、怖くないからね、怖くないからね」

すると、男性はすっと大人しくなったという。

最初この話を聞いたとき、私にはピンとこなかったのだが、Kさんによると、養護学校では恐怖心が大きい子どもほど大暴れするから、この二人の関係ではチンピラ風の男性の方がはるかに怯えているように感じたのだと言う。

同じ単語を何度も繰り返していると、自分も相手もふっと落ち着く瞬間があるから、その瞬間をとらえて相手に自分の感情を伝える。たとえば、

「大声で叫ばれると、何も言えなくなってしまう」

「あなたがそういうふうに大声を出すと、私はとても怖い」

「怒りたい気持ちはわかるよ。でも、その状態じゃ話にならないから、次の機会にしましょ」

「落ち着いて。そうでないと、私もどきどきしてきちんと向き合えない」など。

そして多くの場合、この後はさっと席を外してしまうのがいい。

(2) 言葉で怒りをぶつけてきた場合は、相手の話を真摯に聞く

相手が暴力ではなく言葉で怒りをぶつけてきたときは、その言葉にきちんと向き合わない限り、相手の怒りは静まらない。相手の感情を理解して、こちらもそれを言葉にすることが何よりも大事だ。

まず、相手の話をどうやって聞くかについて、企業研修などで学ぶ一般的な内容を紹介しよう。

言うまでもないことだが、相手の話を聞くときは、「あなたの話を聞いていますよ」ということが相手に伝わらないといけない。

そのステップとしては、四つある。

①相手の話にうなずいたり、メモをとったりして、聞いているという姿勢をとる。
②相手の口から出てくる言葉を、一つか二つ繰り返す。
③相手の話を要約する。
④相手の感情を、相手以上に言葉を尽くして表現する。

④のように、相手の感情を理解して、相手以上にその思いを代弁することは至難の技だろう。しかし、そこまでいかなくても、相手の話の中に登場するフレーズを口にして返してあげるだけでも相手との関係は変わるものだ。

たとえば、「今日、お客様が来たとき、私もその部屋にいました。でも××さんがこの資料のコピーをとってきてと言ったので、少しのあいだ席を外しました。そうしたら社長がみんなを紹介していて、私も紹介されるのだろうと思っていたら、結局最後まで紹介されませんでした。私はそれだけの存在なのか、と思いました。これが私の評価なのですね」と部下が言ってきたとしよう。

そのときは、うなずきながら、「資料をね」「席を外した」「紹介されなかったの」などと繰り返すだけでも、「私はあなたの話をちゃんと聞いているよ」というメッセージになる。

相手の話のあとで、「あなただけ、お客様にきちんと紹介しませんでしたね」と要約できればグッド。さらに一歩進んで、「一生懸命に仕事をしていたのに、排除されたように感じて淋しかったし、辛かったでしょう。それはひどいことだわ」と伝えたらどうだろうか。

「だってその場にいなかったんだから」「そんなことぐらいで大げさに言われても」「それ（紹介しない）とこれ（評価）は別のことじゃない」なんて言ってしまうとアウト。いわんや、「あなたの考えすぎよ。もうちょっと気を楽にして」なんて言うようでは人間関係に鈍感すぎて管理職失格。

相手の主張を理解し、そしてその感情を相手以上に整理して、言葉にして返す。これが、正当な怒りと向かい合うための基本なのだ。

相手の感情を代弁する力を身につけることは、人間関係を築くうえだけではなく、企業のリスクマネージメントにおいても大事だ。

企業が差別事件を起こして糾弾されたとき、「どこまで謝れば済むのか」と、奈落の底に落ちていくように感じる担当者が多くいる。彼らに共通しているのは、「相手の感情を理解して、相手以上にその思いを言葉にして伝えること」ができていない点だ。

社会的にも評判のよい、ある運送会社で就職差別事件があった。

「誰でも即日採用」と書かれたアルバイト募集広告を見て、永住権をもつ在日三世の若者が履歴書を持参して行ったところ、「外国人は受け付けていないから」とその場で履歴書を突き返された。

その扱いにショックを受けた彼は、そのことを家族に相談し、会社との話し合いになった。若者の希望は、「きちんと謝ってほしい。そして二度と同じことをしないでほしい」ということに尽きていた。

ところが会社側は、以前、外国籍住民をアルバイトに採用したら問題が起こったので、それ以降採用しなくなったのだ、と言う。

どういう問題かと尋ねると、「仕事がきつい」と言って辞めてしまったとのこと。

では、日本人で同じように辞めた人はいないのかと尋ねると、何人も辞めている。日本人なら許せても、外国人だと問題になるのはなぜですか、という問いに対して、会社側は口をつぐむばかりであった。

こういう点に、被害者は差別の本質を見てとる。

このやりとりのあと、会社側はより頑なな態度をとるようになった。そのうえ、担当者はこの件のショックからノイローゼになっているので話し合いの席に出すわけにはいかないと言い、本人に会わせようとしなかった。

さらに、「親御さんから、息子さんにもっと強く生きるよう励ましてあげてください」というファックスを、謝罪という名目で送ってきた。

これには、さすがにみんなの怒りが爆発した。相手の心の苦しみを理解する感受性が欠如していただけでなく、自分たちが何を求められているのかすら見えなくなっていたのだ。

若者の傷ついた心に少しでも思いを寄せて、それがどんなにひどいことだったかを相手の思い以上に言葉にして伝えることができれば、おそらく三〇分で解決していた事件だった。

しかし、二年以上経った今でも、解決の糸口すら見えていない。

批判されるとどうして気分が悪いのか

評論家の佐高信さんが、ある集団からエキセントリックな集中砲火を浴びたことがあった。

どう見ても嫌がらせだろうと思って、心配して聞いてみた。

すると佐高さんは、「人間、叩けば埃が出てくるのよ」と言って、にやっとした。

私は、ふっと肩の力が抜けたような気がした。

人間なんだから、生きている間は失敗もすれば、過ちも犯す。それを頑なに否定しても始まらない。清く正しく美しく、だけでは生きられない。

私なども、よく失敗をして反省する。

失敗するから先に進める。そう思っているから、人から批判されても、さほどしんどくない。私には失敗し、きちんと批判される権利があるのだ。当たり前のことだ。

批判されて喜ぶ人なんていないだろうと多くの人は言う。でも、それは、真正面からの、きちんとした批判をされた経験がないからではないか、と私は思う。多くの批判は、感情だけ乱暴にぶつけたり、相手の人間性を全面否定する形でなされてきた。それがトゲとして突き刺さったままになっているから、ちょっとでも否定されると、その意味をよく考えることもなく全身で拒否反応が出てしまうのだろうと思う。

私は、幼いとき何かをしでかすと、よく親戚から「どうしてお姉ちゃんとこんなに違うの？」と言われた。

これは行為を叱っていることにはならない。おまえはもともとバカでどうしようもない、と言っているだけで、私という人間をトータルに否定しているのと同じだ。

けれども、これは、子どもを叱っている親にはよく見られる。

世間体や他所様の視線による叱り方も、たびたび目にする。

「そんなことするとお巡りさんに怒られるわよ」

「先生に言いつけるわよ」

「あのおじさんに叱られるぞ」

これでは子どもは、なぜその行為がいけないことなのかがわからない。善悪や正義で物事が語られていないからだ。

「困った子ね」

「わがままなんだから」

「どうしようもない子ね」

「まったく、頭が悪い」

「グズなんだから」


行為を批判するのではなく、一方的な決め付け、レッテル貼りである。

こうした言葉の後ろには、愛情を感じることができない。

子どもに限らず、こういう言葉を投げかけるのは、相手を見下しているか、相手との関係が切れても良いと感じているかのどちらかだろうと思う。

相手のために言っているのではなく、批判という形を借りてちょっとした快楽を味わっているに過ぎない。見下したり、否定することは楽しいことでもあるからだ。

このように、多くの人にとって「批判される」という経験は、深い傷となって心の奥底に残っている。批判されたとたんに、相手が自分の「敵」となってしまうのはそのためだ。

結果として、心が閉ざされてしまい、相手の言っていることが事実か否かを判断することすらできなくなってしまうケースが多い。

批判されたらどうするか

批判には、「そりゃそうだ」とうなずけるもの、「いや違う」というもの、それから、悪意による嫌がらせの三種類がある。それぞれに異なった対応をしたほうがいいのは言うまでもない。

①「そりゃ、もっともだ」という指摘を受けたら――

いつも時間に遅れてくる、いつも予定より仕事が遅くなる、酒を飲んでは人に絡む……。人には、さまざまな欠点や課題がある。自分も知り尽くしている自分の欠点を、人に指摘されてしまうこともあるだろう。

君はいつも遅刻ばかりしてくる、と言われたら、

「そうなんです、私はいつも遅刻してしまうんです。すみません。でも、これから頑張ります」と、指摘を受け止めながら、しかし自分を否定してしまわないように対応したい。

なにより大事なことは、自分の人間性まで否定されてしまわないことなのだ。

作家の宮崎学さんは、そういうやりとりがとても上手。

「宮崎さん、太ったね」と言えば、

「そうなんだよ、太っただろう。いい男になったよな。文豪みたいだろう」とくる。

逆に、「宮崎さん、痩せたね」と言えば、

「そうなんだよ、見てみろ、こんなにズボンがぶかぶかで毎日ご飯がうまいんだよ」と返す。

何を言っても肯定的に表現して返す。あっぱれ。

②「いや違う」という批判を受けたら――

これはきっぱりと、その場で否定することが大事。

友人のPは、「どうしてそんなに意地悪なの?」と言われたとき、「俺、意地いい」と断定的に言い返した。

彼はいつも、身体を相手のほうに向き合わせ、目をしっかり見て、確信をもって言う。

ある友人の子どもは、親が勝手にプレゼントしたものが気に入らないから、他のものにして欲しいと言った。親から「買ってあげているのに、可愛げがないわね」と言われたとたん、「××(自分の名前)ちゃんは可愛い!」と一言。

その言い方がなんとも可愛かった。

それはともあれ、おかしな批判を受けたら、その場で即答しよう。

「それは違う」の一言だけでいいのだ。

③「悪意のある」批判を受けたら――

悪意は心に突き刺さるもの。

トゲのあることを言われても、まず、動揺しないことだ。

相手の本心がどこにあるのかを確認することが大事。

そのためには、「否定的な問合せ」を使うと、批判を吐き出させるのに役立つ。相手が話し出せば、それが正当なものなのか、悪意によるものなのか、八つ当たりなのかが、よりはっきり見えてくる。

それが見当違いの批判なら、やはりその場ではっきりと否定すること。

二〇年ほど前の話。

ビジネスショーで同じブースを担当した技術者からパソコンの指導を受けていたとき、

私は操作に何度も失敗した。

そのとき、「だから朝鮮人はダメなんだよ」と言われ、ものすごく腹立たしかった。

私は、すぐさま「朝鮮人が、あなたに何かひどいことをしましたか?」と問い返した。

そして、彼の目をじっとにらんで、

「私の能力が低いということと、朝鮮人を一般化して非難するのは違うでしょ。なんだかとっても不愉快」と、はっきりと告げた。

しばらくしてその男性の口から出てきたのは、かつて在日朝鮮人の女性と恋愛をしたが、一緒になれなかったという悲恋物語。そのツケがこちらにまわってきたというわけだ。

「私はあなたをいらいらさせていますか?」「理解するのに時間がかかっているから、頭に来ているのですか?」といった「否定的な問合せ」は、話をこちらのリズムにもっていくのに役に立った。

また、否定的な言葉をきちんと聞くことに慣れてくると、批判への対応に迷いが少なくなる。

もちろん、私自身、いまも発展途上なので、日々実験と学習を繰り返しているが。

6　社会への怒りをどう表すか

一九九〇年代には、雑誌や新聞、テレビで発言する機会が多くなった。自分の発言がどのような記事になり、求められたコメントがどのように加工されるのかまったく気に留めていなかったので、口にしたこともない言葉が活字となって出て行くことがあったが、しようがないと思っていた。

しかし、ことはそう単純ではなかった。電話やファックスでの嫌がらせ、抗議、脅迫が始まったのだ。九〇年代当初は明らかに、日本社会で抑圧されたマジョリティの男性のはけ口としての私があった。

ところが、二〇〇〇年以降は空気が変わった。実名で、社会的地位もそれなりにある一般の人が、堂々と差別的な発言をして、抗議をしてくるようになったのだ。それらに、二〇〇三年頃から女性が加わってきた。

さらに興味深いことに、社会が右傾化するにつれ、直接的な抗議は減っていった。これは私以外にもターゲットが多くなったからだろう。あるいは、偏狭とされていた彼らの意見が社会の主流になってきたことによる「余裕」の現れなのかもしれない。

この数年の間に、大衆が攻撃する側、差別する側に組み込まれていった。

その結果として、追い詰められた人たちからの、悲鳴にも似たアクセスが増えていった。

それらがファン心理と重なって、私に「どうしてイシハラ（都知事）を野放しにしているのですか」といった攻撃にもなって現れている。


私にとって向き合うべきは、人ではない。

「無知」なのだ。

「無知」との闘いは、今までのようなデモや集会をするだけでは勝てない。

一部のエリートだけが学べて無知から解放されたとしても、弱者は助からない。

いまや権力だけが敵なのではない。権力と連動した「無知」な人々が、隣人が、弱者を排除していくという現実に、いかに抗していくか。

多文化共生の情報（知識やノウハウなど）をいかに生活の中に浸透させるかが、政治的な力を持ち得ない（選挙権すらない）私の勝負の仕方なのだと思った。

悪意を持っている確信犯を説得している暇があるなら、理解できる相手といち早く手をつなごう。それがセーフティネットになるからだ。

そのために決めたことは三つ。

①「右」か「左」かといった過去の枠組みでは人を見ない。判断しない。

②共通項が一％でもあれば、それを支持しよう（たとえそれらの活動が未熟であったとしても）。

③情報不足の人がいたら、必要な情報を伝えよう。

私は、先輩世代と同じ闘いはできない。時代も環境も変わっているからだ。

私は、失敗と学習を繰り返しながら、私なりの闘い方をしてきた。そして、自分の闘う姿を後輩世代に見せることが、差別と闘う社会を継承するために必要なことだと思っている。

後輩には、後輩の時代の環境と価値観と闘い方がある。

それを支持し、支えるのが先輩の、大人の役割だと思っている。

二〇〇〇年以降、私は社会への怒りをさまざまな形でイベント化してきた。

広告代理店の特別宣伝班にいた頃は、ＳＰ（セールスプロモーション）配属だったので、イベントは相当数やってきた。だから、短時間で効率よく宣伝するにはどうしたらいいかというノウハウは、そのときに培われたものといえる。

私が直接企画運営したアクションのいくつかをここで紹介しよう。

石原都知事との闘い

ケンカを売られたな、と実感したことがある。

二〇〇〇年四月九日、石原都知事の「三国人」発言を聞いたときだ。

私はそれまで、この政治家を二つの視点から見ていた。

一つは、故新井将敬・衆議院議員に対する差別の当事者。それから、もう一つは、限りなく女性嫌悪者であるという点だ。

ファシズムが台頭するとき、権力は女性と外国籍住民を排除することから足元を固めていく。その意味で私はこの人物を気にかけていた。

一九八二年一一月、年末の総選挙に向けて、自民党の候補として旧東京二区(大田区)から出馬する準備をしていた新井将敬氏の政治広告ポスター三〇〇〇枚のすべてに、「北朝鮮より帰化」という真っ黒いシールを、同じ選挙区の石原候補の秘書が貼った。

秘書は逮捕されたが、石原陣営は「他国籍だった者が代議士になることについては若干の問題があると思っている」と開き直った。のちに新井氏が当選すると、すぐにケチをつけたのも彼だった。

石原氏のマザコンぶりの一端は、関根弘氏の『針の穴とラクダの夢』(草思社、一九七八年)に描かれている。作家としてデビューした後も、息子慎太郎を溺愛する母親に敵を追っ払ってもらい、隣の部屋でその様子に聞き耳を立てる姿は、何とも言えぬ彼の原点を見る思いがした。

彼は母の愛情に応えるべく生きてきたが、自分が父の代用品であることを知ったとき、母を、そして女を憎んだのだろう。彼の、女性に対するコンプレックスと攻撃性は、まさに、ゆがんだ怒りとなって表出してきている。

石原氏自身の言葉を借りれば、彼こそまさに「腐った女」そのものとして、私の目には映っていたのだ。

その彼が、二〇〇〇年四月九日、陸上自衛隊練馬駐屯地で行われた陸上自衛隊第一師団創隊記念式典での来賓挨拶でこう発言した。

今日の東京をみますと、不法入国した多くの三国人、外国人が非常に凶悪な犯罪を繰り返している。もはや東京の犯罪の形は過去と違ってきた。こういう状況で、すごく大きな災害が起きた時には大きな大きな騒じょう事件すらですね想定される、そういう現状であります。こういうことに対処するためには我々警察の力をもっても限りがある。だからこそ、そういう時に皆さんに出動願って、災害の救急だけではなしに、やはり治安の維持も一つ皆さんの大きな目的として遂行して頂きたいということを期待しております。

（Mainichi INTERACTIVE　石原知事「三国人」発言）

軍隊は人殺しが仕事である。その軍隊を前にして堂々とこのような発言をする。つまり、外国人は殺してもいい、と言っているのと同じことだ。

これが扇動以外の何であろうか。

しかも、「三国人」という差別語を意図的に使った。

世界の歴史の中で、災害時に外国籍住民が暴動を起こした事例は一件もない。あるのは、日本人が朝鮮人・中国人を殺戮した関東大震災の例であり、事実は逆なのだ。これは歴史に対する挑戦であり、私にふっかけられたケンカであった。

同時に、この発言による被害があちこちから報告された。

あるドイツ人女子留学生のところには、「石原都知事は／外国人は犯罪者だ／と言ったそうだ／おまえも犯罪者だ／この国から早く出ていけ／帰るのが／いやなら／死ね」と書かれた脅迫状が送りつけられた(朝日新聞、二〇〇〇年七月一九日、夕刊)。中国人留学生は「三国人お断り」と暴言を吐かれ、すでに死語となっていた差別語が復活して巷にあふれた。

この状況をもたらした石原発言に、私は激怒した。

知り合いの著名人に連絡をして、緊急記者会見をひらいたり、都庁に出向いて公開質問状を渡したり、駅前でアンケートをとったり、集会をしたり、デモをしたりした。

翌年には国連にも行き、人種差別撤廃委員会へのプレゼンテーションとロビー活動を行って、同委員会から日本政府への勧告をもぎ取ってきた。

「国連人種差別撤廃委員会最終所見」(二〇〇一年三月二〇日)から引用しよう。

委員会は、高い地位にある公務員による差別的な性格を有する発言、ならびに、とくに、条約第四条(c)の違反の結果として当局がとるべき行政上または法律上の措置がとられていないこと、および当該行為が人種差別を扇動し助長する意図がある場合にのみ処罰されうるという解釈に懸念をもって留意する。締約国に対し、かかる事件の再発を防止するための適切な措置をとること、とくに公務員、法執行官および行政官に対し、条約第七条に従い人種差別につながる偏見と闘う目的で適切な訓練を行うよう求める。

(http://www.imadr.org/japan/2001/cerd.final.japan.html)

勧告は、石原発言は人種差別扇動であり、人種差別撤廃条約に違反しているとしたうえで、石原氏に扇動する意図はなかったと言って発言を不問に付した日本政府の行為は誤りであり、公務員の教育が必要だと言ったのだ。

国連の委員会の席上、何度も石原「三国人」発言が指摘されたとき、記者席で見ていた世界のマスコミやNGOたちからは拍手が起きた。

多くの怒りを、集約して国連の場までもっていった成果だった。

怒りを表現するときは、相手の言動に対する検証を、冷静に行わなくてはならない。

石原氏は、たとえばこんなことも言っている。

中国製の覚せい剤がどんどんどんどん輸入されてきて、売るのはパキスタン人が主らしいけれど。非常に多様なですね、そういう薬というものを摘発しても、なお末端価格は上がらない。上がらないってことはですね、もっともっと多量な、そういう危険な薬物が、まさに「三国人」、外国人の手によってまん延してんだ、この日本に。

（二〇〇〇年四月一二日、都庁記者会見）

だが、実際には日本全体での薬事犯が年間二万〜三万人いるなかで、パキスタン人はたったの六人（一九九八年）だった。

これに対して、パキスタン大使館からすぐさま抗議が出た。

われわれパキスタン大使館は、これまで（日本の）警察や法執行機関からそうした苦情を受けたことがありませんでしたので、今回の主張に驚いております。日本のパキスタン人コミュニティは平和的で法律を遵守する諸個人から構成されており、彼らは勤勉かつ誠実であると雇用者から高く評価されております。都知事によるものとされている発言は、日本の世論にパキスタン人への不信感を招きうるものでありますし、それによって、日本人とパキスタン人との親善関係が妨げられることは、遺憾であります。(二〇〇〇年四月一三日、パキスタン大使館によるプレスリリースより日本語訳)

しかし、外国籍住民を敵視した石原氏の扇動発言はとどまるところを知らない。

東京では外国人の犯罪が急増し、中でも中国人による不法入国者の犯罪が組織的になりつつあり、マフィアのような形になりかねない。……強制送還にかかる費用を、水爆をつくっている中国に渡しているODA(政府開発援助)から天引きするのはいい案なので、政府に近々建言する。……警視総監の話だと、一網打尽にすれば、ほとんど歌舞伎町にいる人なんか、パスポートのない不法入国者ばかりに決まっているんだけどね。捕まえても留めておくところないんだよ。今考えているところだけど。

(二〇〇一年二月二三日、定例記者会見)

次のような文章も書いている。

ちなみに日本への不法入国者は年間およそ一万人、内中国人が四十%弱。彼等は不法入国故正業にはつけず必然犯罪要員となる。国内での外国人犯罪検挙数は約三万五千人、内中国人犯罪は一万五千人弱。滞在期間が終わっての不法滞在者の立場もほぼ同じだから、外国人による犯罪が減るいわれはどこにもない。現に東京で最大の、重犯者用の府中刑務所は収容人員の限界は二千六百人だがすでに満杯で、服役中の外国人犯人数は五百人、内、中国人犯罪者は二百九人(平成十二年現在)である。

(「日本よ／内なる防衛を」産経新聞、二〇〇一年五月八日、朝刊)

だが、事実を冷静に見ていくと、府中刑務所に外国人が多いのは、通訳などの問題で、東日本の外国人受刑者の多くが府中に集められているからなのだ。つまり石原氏の発言は、女子刑務所に行って「日本の犯罪者は女ばっかりだ」と言っているのに等しいのである。

また、「検挙数」を「人」で数えるのがそもそもおかしい。実際には、約三万五〇〇〇という数に相当するのは、一九九九年をみてみると、外国人犯罪の「検挙件数三万四三三九八件」であって、同年の「検挙人員」は一万三四三六人である。さらに、この数にはもともと外国人にしか適用されない入管法および外国人登録法の違反数が含まれており、これらを除くと検挙件数は二万五一三五件、検挙人員は五九六三人となる。二〇〇〇年には検挙件数三万九七一件、検挙人員一万二七一一人であり、前年より明らかに減っている。

彼の人間に対する視点は、差別性を抜きにしては語れない。

環境庁長官だった一九七七年、「人のスケジュールを無視して面会に来られても迷惑」と反公害の市民団体の陳情を拒否してテニスに行き、「(長官などの)特別職には公務員のような服務規定はない。空いていれば、寝ていようとテニスをしていようとかまわない」と述べた。同年、熊本に水俣病の視察に訪れたときは、患者らが手渡した抗議文について「これを書いたのはＩＱが低い人たちでしょう」と言い、一九九九年九月、府中療育センター(重症心身障害児・者施設)視察後の記者会見では、「ああいう人ってのは人格あるのかね」と述べた。

挙句の果てには、「歌舞伎町とか池袋とか。一二時過ぎたらどこの国かわからないよ。ヤクザだって怖くて歩けないよ。日本のヤクザだって。そういう現況があるんだ」と。

女性を侮蔑するときは、他の人の言葉を歪曲して語る。

これは僕がいってるんじゃなくて、松井孝典がいってるんだけど、「文明がもたらしたもっとも悪しき有害なものはババァ」なんだそうだ。「女性が生殖能力を失っても生きてるってのは、無駄で罪です」って。男は八〇、九〇歳でも生殖能力があるけど、女は閉経してしまったら子供を生む力はない。そんな人間が、きんさん、ぎんさんの年まで生きてるってのは、地球にとって非常に悪しき弊害だって……。なるほどとは思うけど、政治家としてはいえないわね(笑い)。

まあ、半分は正鵠を射て、半分はブラックユーモアみたいなものだけど、そういう文明ってのは、惑星をあっという間に消滅させてしまうんだよね。

(「石原慎太郎都知事吠える!」『週刊女性』二〇〇一年一一月六日号)

この発言に対して、女性団体から抗議の声があがった。

「石原都知事の「ババァ発言」に怒り、謝罪を求める会」共同代表をつとめる野崎光枝さんはこう語る。

石原発言が出たとき、私はすぐに(発言の掲載された)『週刊女性』を見たんですよ。

何というんでしょうかね、非常に品位がない。嫌だ、と思いました。私の生きる価値を、石原にどうこう言われる筋合いなんてないんです。……今年七〇歳になりました。私は生きていては悪いですか？　本質的に余剰なものなんですか？　……人類が地球にとって非常に悪しき弊害をもたらす、という考えは否定しません。公害も振りまくし、原爆も作るし、戦争もする。自然の摂理を損なう行いを何百年も積み重ねています。しかし何故その問題への攻撃が年取った女に向けられるのか理解に苦しみます。おばあさんさえいなければ地球は安泰だとお考えですか。

引用元とされた松井教授によると、「これはコメントしようがないね……。石原氏の発言を見ると、私の言っていることとまったく逆のことだからね。私はこういう言い方はどこでもしたことはないし、おばあさん仮説という理論を私はいろんなところで話しているから、それを見てもらえば分かるでしょう」。

松井氏の「おばあさん仮説」とは何か。都内の講演会で次のように語っている。

おばあさんが存在すると、おばあさんの経験が活かされ、次の世代の出産はより安全になる。さらに、おばあさんに子どもの世話をしてもらえるので、次の出産までの期間が短くなり、出産回数が増える。これらは人口増加をもたらす。こうして人口の増えた現生人類は世界中に散らばり、その過程でさまざまな道具を生み出し、さらに脳の回路が繋がり、言語が明瞭に話せるようになったことで、抽象的な思考ができるようになり、人間圏をつくるまでに繁栄したと考えられる。

(『自然と人間』二〇〇二年三月号より)

要するに、おばあさんの存在が人間の文明を生み出した、という説なのである。

石原氏がしたこの説の紹介は歪曲以外の何物でもない。

その後、「石原都知事の「ババァ発言」に怒り、謝罪を求める会」は、二〇〇二年一二月二〇日、石原都知事を提訴した。

提訴当日の都知事記者会見の席。

記者「今日、正式に女性団体が知事の女性差別発言で……」

石原「(質問を遮って)差別って私が何を言ったのよ。私は松井孝典さんのですね、言ったことを、なるほど、それはそれなりに論理が通ってるなと感心したんでですね、それをあるところで紹介しただけですから。何も一〇〇%それを是としているわけじゃないんですよ」

あくまでも自分に都合のいい解釈を押し通すのがわかるだろう。

その他にも、石原氏の差別性や下品さを挙げだせば、きりがない。詳しくは、フリージャーナリスト・斎藤貴男氏の『空疎な小皇帝——「石原慎太郎」という問題』(岩波書店)をお読みいただきたい。

石原都知事のおかげで差別をすることに自信を持った人たちが増え、実名を名乗っての差別発言も目に付くようになった。もはや単に石原氏と向き合うだけでは済まない。社会が扇動に乗って動くという状況が、もう目の前まで来ているのだ。

怒り方、闘い方自体を変えなくてはならない——そう私は気がついた。

新しい怒り方、新しい闘い方

野党の議員たちとの懇談会の席上、「支持率八〇%かぁ……」という言葉が流れた。石原都知事や小泉首相の高支持率に、私の周辺は一様にため息をもらすが、これってそんなに大層なことだろうか。

たしかに、小泉内閣の誕生時、その支持率は八〇%以上もあった。

このとき私は、「なーんだ、これなら勝てるな」と思った。

なぜか。

だって、同じ穴のムジナでありながら、前任の森氏は支持率一桁台にまで落ち、後任の小泉氏は八〇%以上。ということは、森氏であれ誰であれ、どうしても自民党でなければならない人たちは約一割にすぎないということだ。大雑把に言ってしまえば、小泉支持の八割から森支持の一割を引いた七割は、右でも左でも強いほうに流れる浮動層というわけだ。

ならば、風向きが変われば、その七割は味方にもなる。

冷静に見てみると、どんなときでも、二割ぐらいの人は保守政治に「NO」を突きつけている。一割の強い保守支持派、二割の強い反対派。どうやったって負けるわけがない。なのに、勝てないのはなぜか。

保守支持の一割はがっちりつながっているのに、反対派の二割はバラバラだからだろう。二割の人たちはそれぞれに保守派と闘ってきたが、理解し合える人同士いち早く手を取り合うというところにエネルギーを注いでこなかったように感じる。

私は、自分の意見ははっきりと言う人間だが、自分と意見の違う人を変えようとは考えていない。そんなことをしていられるほど、人生は長くない。ましてやそれが悪意を持った確信犯となればなおのことである。

「創氏改名は朝鮮人が望んだものだ」とか「レイプする男は元気があっていい」なんて平気な顔して言うオヤジを説得しようなんて思ったら、人生が三〇〇年あっても足りない。無知と情熱から差別的な表現をする人には向き合って説得もするが、悪意が潜んで差別的な表現をする人はいわば化石。飾っておくしかない。

悪意のある者を変えようと努力をするくらいなら、より理解し合える人と早く手を結ぶ。

手を結べば、孤独から抜け出すことができる。

そういうつながりはオセロの白の駒となって、社会のコーナーに置かれる。間の黒が、パタパタパタ、と白に変わっていく。

かつて革新になびいた人たちが、簡単にナショナリズムになびいていったように、浮遊している層は、白にも黒にもなる。

今の状態は、社会のコーナーに、白の駒が置かれていないだけ、なのだ。落ち込むことも、威張ることもない。

理解できる人と早く手をつないで、白の駒を増やしていく方法を、時代ごとに考え実験をすること。怒りを感じたら、同じ怒りをもつ者と手を取り合うこと。これこそが、弱者に怒りが向かわないための基本の基だ。


で、私たちは石原知事を支持する社会のオセロをひっくり返すために、どんなことをしているのか。扇動的発言に抵抗できる多文化共生社会を築くために、何をしているのか。

そのいくつかを紹介したい。

① 逆転の発想　パラソル大行進—雨の日だからできること

私が共同代表を務める「石原やめろネットワーク」が主催したユニークなデモ行進。それがパラソル大行進だ。

二〇〇〇年六月、石原都知事の「三国人」発言に対して発言撤回と辞任を求めるデモ行進を企画した。が、折しも季節は梅雨。雨が降ったらデモにならない、と躊躇する声が関係者からも上がった。

そこで考えたのが、パラソル大行進。

ダメな理由を味方にすればいい。

「雨は石原の暴言。だから傘をさそうよ。あなたも私も一つの傘の中」

これをキャッチフレーズにして呼びかけたところ、朝から横殴りの雨と突風にもかかわらず、たくさんの人が集まった。ステッカーやメッセージを貼った色とりどりの傘をもち、日本人も外国籍住民も一緒になって歌舞伎町や都庁の周りをねり歩いたのだ。

道行く人も足を止め、一風変わった行進を見守っていた。

行進には予想を上回る三〇〇〜三五〇人が参加し、そのカラフルさで新聞にも写真入りで掲載された。

②多文化たんけん隊——自分の足で異文化体験

これも二〇〇〇年四月の石原都知事「三国人」発言がきっかけだった。

石原知事が新宿歌舞伎町を、不法滞在の外国人が騒ぎや犯罪をおこす危険な場所だと断定したことは前述のとおり。偏見と誤解と差別に満ち満ちた扇動的発言だが、今までの抗議活動のようなデモや集会だけでは闘えない。

それに、新宿歌舞伎町を「怖い」と感じている人が多いのは事実。

そこで、「怖い」ことを売りにしてしまおうと考えた。

怖いということ、猥雑ということ、それらは一つの魅力でもある。

「怖いからこそ見てみたい……」。これは、商品価値が高いということだ。

そこで思いついたのが「多文化たんけん隊」だ。

いま新宿では、生まれてくる子どもの五人に一人が外国籍住民の子どもだ。足元で国際化が進んでいるだけでなく、多様な人々、多様な文化を受け入れることのできる懐の深い町、それが新宿歌舞伎町なのだ。

「怖い町」だけれども、そこにみんなで乗り込んで、語り合ったり、一緒にゲームをしたり、食事をしたり、議論したりしようじゃないか。プログラムの内容を硬軟取り混ぜた、参加者同士が友達になれるイベント。あるときは参加者、あるときはボランティアスタッフ、あるときは講師。それぞれが自分たちの情報をもちよって交わる関係をつくっていければ、それは多文化社会を押しつぶそうとする力へのたしかな抵抗になるはずだ。

そこで新宿・大久保を舞台に、学習したり、遊んだり、歌ったり、実験したりできる、つまり誰もが何かを実感できるイベントを準備したのだ。

第一回多文化たんけん隊が開催されたのは、二〇〇〇年八月一五日から九月二日までの約三週間。この間に約七〇本のイベントを開いた。

・民族料理の隠れた名店をめぐる「グルメツアー」
・夜の新宿を探検する「あやしい深夜ツアー」
・車椅子でラブホテルに行く「バリアフリーツアー」
・新宿で暮らす外国籍住民の話を聞く「ペルーの人から見た日本」「ハルモニの七〇年」
・外国籍住民のお宅を訪問する「オープンハウス」
・外国籍の子どもが通う保育園を訪れる「保育園見学ツアー」

・外国籍住民が抱える問題を理解するための勉強会「在留特別許可について」「地方参政権について」「知って得する入管行政の基礎知識」「外国人女性シェルターについて」

その他にも、日本語学校訪問、歴史ツアー、不登校について語り合う会、ホームレスの人と話す会、多文化縁日、花コンサート、映画上映会などなど。最終日には、新宿・常圓寺の境内で「多文化共生防災実験」を行い、この多文化たんけん隊を締めくくった。

参加人数はのべ四〇〇〇人。翻訳、通訳、アテンド、ビラ配りなど、さまざまな形で協力してくれたボランティアは、一〇〇名以上。マスコミによる取材も、ほとんどのイベントで行われ、のべ九八社が参加し記事や番組にした。

イベント案内用のチラシは、英語、韓国語、中国語、スペイン語、タイ語、ビルマ語、ポルトガル語、フランス語などの多言語でつくり、各言語を母語とする人が集まる場所を中心に多方面に配った。

イベントに参加した人々は、アンケートにたくさんの感想を寄せてくれた。その中からいくつか紹介しよう。

「新宿区大久保周辺の地域住民が、日々多文化に接しながらどのような生を営んでいるかを、雑踏や店頭の様子からじかに感じ取ることができて、有意義だったと思います」(男性)

「彼ら(ホームレスの人)に対して漠然と持っていた怖いイメージがとけていく実感が持てました。お話をしたおじさんたちはみんなやさしかったです」(女性)

「いろいろな国の子ども達がのびのびと生活しているのを見て、このような状況で育っていければ、今の日本にあるさまざまなマイノリティに対する〝差別〟がなくなり、ただの〝違い〟として受け入れていける社会になるのではないかと思いました」(女性)

「新宿区に対するイメージは何となくあやしい感じだったけど、今回参加してイメージが大きく変わった」(男性)

「このイベントを終えてみて、今はっきりわかったことは、自分は自分でいいと思えることです。また、参加したいです」(中国籍、女性)

「(パントマイム入門に参加して)言葉は通じなかったけど、ひとつになった感じがした」(韓国籍、女性)

そして嬉しいことに、ぜひ来年も続けてほしい、という声がとても多かった。

二〇〇〇年の多文化たんけん隊の最終日には、「多文化共生防災実験」を行った。

その翌日の九月三日には、石原都知事が指揮をとる大規模な防災訓練「ビッグレスキュー東京二〇〇〇――首都を救え」が予定されていた。私たちの取り組みは、七〇〇〇人以上の自衛隊員も参加して装甲車や対戦ヘリを使って行う東京都の訓練とは、目的も手段もまったく異なるものだった。

言葉や習慣が違っても、地震や火災などの災害が起こったときに、誰もが必要な情報を受け取り、伝えあい、助け合って、自分と隣人の命を守れるようにしなくてはならない。そのための実験である。ほとんどの実験は、英語・韓国語・中国語・フランス語・スペイン語・タイ語・ドイツ語などの通訳・翻訳をつけて行った。

具体的に何をしたかというと、

・日本語で消火器を用いた訓練を行い、外国籍住民の方々にどれだけ通じるかを検証した「消火訓練」(担当・東京消防庁、新宿消防署)。消火器など見たことのない人たちもいて、パフォーマンスの重要さが認識された。

・応急救護や担架による搬送を実演し、多言語で説明した後、参加者に体験してもらった「応急救護実験」や「搬送実験」(担当・連合ボランティアサポートチーム)。

・ハイゼックス(高密度ポリエチレン)袋を使った米の炊き出しを実演、多言語で説明し、みんなでその味を試食した「エスニック炊き出し術」(担当・連合ボランティアサポートチーム)。

・NTTの災害電話のかけ方を、各自携帯を使いながら練習した「災害時の連絡方法」。

・災害時の公的な放送を多言語で行うと同時に、外国語にカタカナでルビを振った原稿を日本人に読んでもらい、外国籍住民にちゃんと伝わるかどうかを検証した「多言語放送」(担当・通訳、翻訳ボランティア)。

これ以外にも、阪神大震災時の写真パネルの展示(キャプションは多言語)、災害時の対応についてのビデオ上映、シンポジウム「災害時の外国人の権利確立を考える」などを開催。

外国籍住民、地元の人、通りがかりの人など、多くの人が実際に体験していった。参加した人々は、私たちのインタビューに対し、こんなふうに語ってくれた。

「(災害時に必要なのは)みんなで助けあうこと。自分もボランティアをやりたい。みんなに教えたい」(パキスタン、男性)

「自衛隊よりも、わたしたち自身が何ができるかということを重視している。自分たちがどうするかという防災訓練がしたくて参加した。外国人が危険だとは思わない。今日の訓練では、外国人も含め、知らない人も、よその人も、いろいろな人がいっしょにいて、その場で一つの地域として立ちふさがる危機に力を合わせている。これが現実にいちばん近いのではないか」(日本、男性、三〇代)
「日本語以外の言葉での説明は、全然わからなかった。これって、日本語がわからない人にも同じことが言えるんですよね」(日本、男性、中三)
「もう(滞日)四年目だから日本語が大分わかるけれど、こうやっていろんな言葉で説明してくれるとわかりやすい。職場で怪我した時にも使える」(インド、男性、二〇代)
「フィリピンでは、消火器はお金持ちのところにしかない。今日ははじめて体験して、とても参考になった。災害の際、何が必要なのかは良く分からないが、自分が住んでいる地域の人との助け合いのシステムがあればいいと思う。今は何もつながりがないので不安」(フィリピン、女性、二〇代)
「タイでは防災訓練は当たり前。とてもわかりやすかったです。日本で防災訓練に参加するのは初めてです」(タイ、女性)

多文化共生防災実験で幕を閉じた多文化たんけん隊は、私たちが想像する以上に、多くの反響があった。思いがけず、第五回地方自治研究賞優秀賞も受賞した。

そして現在、多文化たんけん隊は新宿の夏の風物詩として、小さいながらも、街に定着した行事となっている。

このイベントの準備期間は、約一ヶ月。

プランを作り、数人の賛同者で足元を固め、そして、無我夢中で走った結果、いまも続く定番のイベントとなった。

③ワンデイホームステイ～歩いていける世界の旅

怖いなら、知ろうよ。怖いなら、何が怖いのかをはっきりさせようよ。

そこから始まる関係がある。

多文化たんけん隊をさらに一歩進めて、一泊だけど、一緒に生活してみよう。そうすれば、そこから怖い相手の本当の姿が見えてくる。そして、日本が見えてくる。

日本には多くの外国籍住民が暮らしている。東京では一四人に一人の割合で外国籍住民の子どもが生まれている。足元の国際化は着実に進んでいるのに、私たちがその隣人と触れ合う機会はとても少ない。知らないことも多い。

そして知らないがゆえに、国家同士の関係が緊張すると、無理解なこぶしが外国籍住民に振り下ろされるという現実がある。

二〇〇一年九月一一日のアメリカ同時多発テロ事件やアフガニスタンへの報復攻撃以来、日本に住むイスラム教徒の人々に心無い言動が投げつけられている。二〇〇二年九月一七日に北朝鮮が公表した拉致問題で、朝鮮人学校に通う生徒に対して脅迫・嫌がらせが多発しているのもそうだ。

「知らないことが差別や偏見を生む。もっと隣人のことを知ろうよ」

そんな思いから立ち上げた企画が、外国籍住民のお宅に一泊する「ワンデイホームステイ～歩いていける世界の旅」(二〇〇一年三月一六～一七日開催)だった。

国によって文化や宗教や習慣が異なるのは当然のこと。大切なのはその違いを理解すること。一緒に食事を作ったり、語り合ったり、お風呂に入ったり、同じ家で寝泊りすることで、互いの理解を深めよう。海外に行く必要なんてない。世界は実は足元に広がっているじゃないか。

安くて、近くて、手軽にできる異文化体験。これほど訴求力のあるイベントはない。この呼びかけに、企業、NGO、個人のボランティアなど、多くの方たちが協力してくれた。

このイベントを最初に記事にしたのは、産経新聞。最も大きく特集してくれたのが、読売新聞。放送は、日本テレビ。

難関三ヶ所を突破した。

ホームステイを受け入れてくれたのは、関東圏に暮らす、韓国・朝鮮、中国、モンゴル、パキスタン、フィリピン、アメリカ、ビルマ国籍の家庭、そしてモスク(イスラム寺院)、多磨全生園(ハンセン病で闘ってきた人の中にはインドネシア国籍や韓国籍や朝鮮の方もいる)など全部で一四ヶ所。

参加者はインターネットなどで募り、都内をはじめ、全国から約七〇人、一二歳から六七歳までが参加した。

また、ホームステイに先立って、人権をテーマにした事前研修会「クイズウルトラ人権一〇〇問」も開催した。身近な不思議から人種差別撤廃条約・女性差別撤廃条約などの国際条約に至るさまざまな問題に挑戦した。

多くの方の協力でイベントは無事成功したが、日本ではじめての試みということもあり、準備は大変だった。

ホームステイの受け入れ先は、直前まで二転三転した。最終的に決まったのは、五日前だった。五〇～六〇人の外国籍住民の方と交渉したのだが、「日本人への不信感があって家族の了解が得られない」「交流したいけど準備ができない」「知らない人を泊めるのは不安」といった理由で断られることが多かった。いったん決まったのにキャンセルされることもしばしばだった。

外国籍住民を犯罪者扱いするような報道や政治家の発言とは裏腹に、毎日、不安を抱えながら日本で暮らしている外国籍住民。この現実をあらためて目の当たりにした。

運営上の困難はあったとはいえ、参加者にとっては、この一泊二日はとても有意義だったようだ。彼ら彼女らの感想をいくつか紹介しよう。

「一晩明けて、こんなに充実した一日を送ったことはないと思った。ワンデイホームステイ～歩いていける世界の旅。一日ぐらいホームステイしたって、あんまり意味はないのではないだろうかと正直思っていた。しかしとんでもない。今まで何回か海外に短期語学研修に行ったことがあるが、そのときの一ヶ月に相当するくらいの、いや、それ以上の充実感を得た。朴さん姉妹は、日本で生まれ育った在日二世なので、直接的に大きな文化のギャップを感じることはなかったが、女同士で集まって、非常に内容の濃い話ができた。私のこれからの人生に、必ず、この経験は貴重な糧となって役立つと思う」(女性)

「もっと時間があったらもっといろんなことを聞いたり話したりしたかった。楽しい時間はあっという間に過ぎていったけど、この短かった一日間の経験は私にとって生涯の財産のように思う。そしてまだ残る差別をこれから皆に伝えていきたいと思う。早くなくせたらいい。本当に楽しかった」(愛媛から参加の中学生)

ちなみに、こんなユニークな感想もあった。

「ご夫婦で暮らしてらしたのですが、うちの両親とは全然違っていて驚きました。家族というか、まるで恋人同士のような雰囲気でした」(高校生)

また、ホストになってくれた方も、交流を楽しんでくれたようだ。

「ホームステイの人たちが家に来る前は、「どんな人が来るかなー」という少し不安と好奇心の混じった気持ちでいましたが、その四人が家に着いたらすぐ安心しました。……

今回のワンデイホームステイの一番いいところは、大きなスケールじゃなく、「小さい」人と人との触れ合いから始まることだと思います。同じようなプログラムが所々で行われれば、日本の社会が少しずつ開けていくのじゃないか、と私は思います」(アメリカ、女性)

「日本人のお客が家にいらっしゃるということは、とても少ないので本当に嬉しくて楽しかった」(モンゴル、女性)

「最初、中国料理が口に合うかどうか心配でしたが。でも、みなさまがおいしいと言ってくれて本当にほっとしました。みんなの笑顔を見て、本当に嬉しい！　また家によくいらっしゃってください。中日の友好はずっと続くと信じています」(中国、女性)

いっしょにご飯を食べ、話をし、フロに入り、同じところで寝る。

こんなシンプルで当たり前の、たった一日の行動が、大きな実りをもたらしている。

主催者である私たちも、あらためて人と人が触れ合うことの意味を考えさせられた企画だった。

④ＧＯＧＯ岸本　ボブ・ディランへの道――突拍子のなさが力を生む

いつもと違うことをする。

一歩外に出てみよう。そうすれば、私たちは孤独ではないとわかるから。

そんな思いで企画したのが、「ＧＯＧＯ岸本　ボブ・ディランへの道」。

直接、石原都知事との闘いを意図したものではないが、差別や排除を乗り越えるための試みであるという点では、右で取り上げた実践例と共通しているので、ここで紹介したい。

二〇〇二年一月二三日、東京高等裁判所は、狭山事件の石川一雄さんの異議申し立てを棄却した。事実調べも行わず、証拠開示もしないままの決定だった。

「狭山事件」といっても、若い読者にはピンとこない人も少なくないだろうから、簡単に説明しよう。


一九六三年五月一日、埼玉県の狭山市で女子高校生が行方不明になり、その自宅に脅迫状が届けられるという事件があった。警察は、身代金を取りに現れた犯人を取り逃がすという失態を演じた。四日には被害者の遺体を発見。当時「吉展ちゃん事件」での警察の失態が世論で大批判を受けていたこともあり、捜査に行きづまった警察は、付近の被差別部落に見込み捜査を集中し、何ら証拠もないまま石川一雄さん（当時二四歳）を別件逮捕した。一ヶ月にわたって勾留、取調べを行い、最終的には、ウソの自白をさせた。地域住民やマスコミ報道も、「あんなことをするのは、部落民にちがいない」「よそ者がやった」というような差別意識で事件をとらえていたため、石川さんが犯人だ、という情報はすぐに広まり定着してしまった。

裁判では、一審が死刑判決、二審が無期懲役、そして一九七七年に無期懲役の判決が確定した。石川さんは、すぐに再審請求を申し立てたが、第一次再審請求は、まったく事実調べもないまま棄却された。一九八六年八月には、第二次再審請求を申し立てるとともに、すべての証拠の開示と事実調べを行うよう東京高等裁判所、東京高検に対して求めた。これらの取組みは、部落解放同盟が中心になって、市民団体など事件に疑問を持つ多くの人が行った。しかし、一九九九年七月、東京高等裁判所も事実調べなく再審請求を棄却。これに対し、弁護団は東京高等裁判所に異議申し立てを行ったが、二〇〇二年一月二三日、またもや事実調べを行わないまま申立てを棄却した。

（http://www.jttk.zaq.ne.jp/babrk706/ 参照）

石川さんの無実を勝ち取るため、一生懸命運動に取り組んできた人たちは、みな大きなショックと怒りを感じた。が、その爆発しそうな怒りを酒や身近な人への八つ当たりに転化するのではなく、他の方法で解決しようと思い立った。

そんなとき、誰かが「歌でも作って、この怒りを語り継ごうじゃないか」と言った。「それならボブ・ディランがいい!」ということで企画されたのが、「GOGO岸本　ボブ・ディランへの道」だ。

ボブ・ディランは、「ハッティ・キャロルの哀しい死」という歌があるように、理不尽な差別の被害者を支援する歌を歌い、全米で大きなうねりを巻き起こしたことのあるシンガーである。

さっそく、石川一雄さんの歌をボブ・ディランに作ってもらうために、二人の「勇士」をアメリカに送り出すことになった。

アドバイザーは、私と鎌田慧さんらで結成した「思い立ったら吉日倶楽部」。

チャレンジャーは、英語はまったくできないけれど、根性と行動力はある兵庫の被差別部落出身の姉弟、岸本眞奈美と岸本光則だ。

第一回チャレンジ期間は、二〇〇二年二月二三日からの約一ヶ月間。資金はすべて個人のカンパでまかなった。

偉い人が、偉そうに交渉するのではなく、「友達が叩かれたんだ、だから抗議をするんだ、だから世界に訴えに行くんだ」という単純で素朴な発想でいこうと決めた。

私たちの問題だ、私たちが動こう、というわけだ。

英語も分からず、ツテもアポもなく、ポンとアメリカに渡ってしまった二人。同行はパソコンのできるスタッフ一名。

異国での岸本姉弟の旅の様子はどんなだったか。

ホームページを開き、アメリカでの状況を二人に日記の形で毎日、実況中継してもらった。それを読むと、二人の思いや苦労が伝わってきて、いっしょに旅をしている気分になる。

二月二五日　ホテル内のコインランドリーに洗濯に行くと、従業員が金を入れて洗濯してた。ようわからん国や。ここで、一対一の英会話！　通じた！　わかった！

光則一歩前進!!　OK, Yes だけやけど……

簡単な日常のコミュニケーションをとるにも一苦労だった。日常生活は身振り手振りで何とかなっても、ボブ・ディランに会ってメッセージを伝えようと思ったら、やはり英語ができないとつらい。そのことにすぐに気づいた二人。日本からも有力情報の提供や手助けしてくれそうな人をメールで募集したり、あちこち電話をかけまくったりと、手探り状態の旅のスタートだった。

間もなく「グラミー賞授賞式に、ボブ・ディランが来る」という情報が入り、二人はロサンゼルスにあるステープルズセンターに向かった。

が、ボブ・ディランに会うことは叶わなかった。そのときの姉の日記。

二月二八日　昨日は、ほんの何百メートルか先にボブがいるのがわかっていながら、くっ、くっやしいーって感じ。でも、そりゃそーやわな。そう簡単にいくかいな、ってことや。でも、一昨日、グラミー賞の前日は、会場の入り口まで行けた。あんとき、もっとビラを渡しておけばよかったかな。でも、そこで作業をしている人たちは、一番大変な、しんどくて、長時間働いて、賃金が安くて、それでいてグラミー賞というイベントでは何の発言権も権力もない人たち。いつも、どこでもそうやねん、くやしいやんか!!

直接ボブ・ディランに会うのにはムリがある。じゃあ、「こんなやつらが来てるんだ」と伝えてもらえるよう、いろんなところで話をしていこう。そう考えた二人は、移動しながら、多くの人々と接触していく。

三月七日　ナバホのおっちゃん　姉　岸本眞奈美

先住民、いわゆる、インディアン。でもインディアンというのは、はじめにアメリカに来た白人が、先住民を見て、インド人だと間違って、そう呼ばれたらしい。今では「ネイティブ・アメリカン」「ファースト・ネイションズ」と呼ぼうということだ。

今日はとても大きな居留地、ナバホの人たちの所に行った。露店のような店を出している人と話をした。ひとりのおっちゃんは、私の書いた、ボブへの手紙を丹念に読んでくれて、「石川さんは、もう、フリーになっているのか?」と聞いてくれた。私たちがボブに歌を作ってもらいにアメリカに来たと言っても、笑わなかった。

明確な目的をもった旅とはいえ、見知らぬ土地での生活は、相当ストレスも多かったようだ。

三月八日　姉　岸本眞奈美

だいたい、この企画は、むちゃくちゃなんや！　今頃、何を言うとる、という声も聞こえてきそうだが、金もない、英語力もない二人が、世界的な大スター、ボブ・ディランに、歌を作ってくれ、と頼みに行くという前に、他人同士が、一ヶ月もず〜っといっしょにいること自体、大変なんだと、今頃気づいた。……しかし、悲しいかな、わたくしには、生意気な口は山ほどあっても、財力はないというか、全くなく、アメリカでまでも、財布をのぞいて、ため息の連続です。

そんな中、思わぬ助っ人が現れた。かつて大阪の部落に住みこんで研究をしていたミシガン大学のジョン・デービス・ジュニア先生が、協力を申し出てくれたのだ。
このジョン先生の紹介で、イリノイ州立大学の二〇〇人以上もの学生の前で、そしてミシガン州立大学のアジアの人権問題の専門家たちの前で、二人は堂々と日本の被差別部落について講義をした。

三月一四日　イリノイ州立大学で講義さしてもろた　姉　岸本眞奈美

ぶちかましてきました。……質問の時間は良かった。やっぱり、人間は会話が大事やね。一方的に喋るより、言葉と心のキャッチボールが大切や。

出された質問を紹介する。（ホットなアメリカの若者の部落に対するナウい疑問）

・部落と部落じゃない人が結婚したら部落になるのか？
・部落と部落じゃない地域の生活実態の違いは？
・なぜ、差別されるとわかっていながら、そこに住むのか？
・政府の施策ができてから、部落の実態はよくなったのか？
・名前で部落かどうかわかるのか？

などなど、でした。そして、私たちは後から知ったのですが、「ボブに連絡が取れた場合、どこに連絡すればよいのか」と聞きに来てくれていた生徒さんがいたという。期待度アップか？　そんな甘いもんじゃない？　いいや、もしかして？

姉弟は、アメリカでいろんな人たちに会った。そして「なぜボブ・ディランなのか」とよく聞かれたらしい。でも、説明すると理解してくれた。「若い人たちで、そういう歌なら作ってくれる人がいるよ」とアドバイスをしてくれる人もいた。

日本でもこのプロジェクトをきっかけに狭山事件をテーマにした曲がつくられ、「狭山事件を考える市民の会・バークレー支部」も結成された。多くの活動家やNGOメンバーと出会い、各地で励まされた二人は、旅の最後に、こう決意した。

三月二五日（たぶん）道は、ひらける　弟　岸本光則

とうとう明日帰る日や。やっぱり何かすっきりしない。……もう少し時間がほしい。今ボブに会える気がする。今回は、ボブにこだわってるけど、他のミュージシャンで歌ってくれそうな人も結構教えてもろた。日本へ帰ってもアメリカでこの企画つづけてくれるって言うてもくれた。今回はボブやけど、次回は違う人でもいいやろ?! 何人かアタックしとくから！とまで言ってくれた。感動の大行進や。やっと体と気持ちが慣れてきたのに残念や。くやしい！　……まあ日本に帰っても終わりじゃないし

ＧＯＧＯ岸本はずっとつづくんや！　と思ってる。（姉ちゃんといっしょは、もういややけど）

第一回目の渡米は終わった。が、プロジェクトはさらに支援の輪を広げて続いている。ホームページを見た尼崎市上ノ島の高校生四人が、ボブ・ディラン顔負けのＧＯＧＯ岸本の応援歌を作ってくれた。

右も左もわからない　大都会に飛び降りて／信じてるものだけが　足を進ませる／探しているものは　今は遠いけど／あきらめないその思いが　足を進ませる／くだらないことを言うやつらが　まだいるこの世の中／だけど俺は　俺の道を行く／ＧＯＧＯ岸本　輝く未来を手に／ＧＯＧＯ岸本　みんなの思いを乗せて／ＧＯＧＯ岸本　くじけそうになっても／ＧＯＧＯ岸本　一人じゃないから

突拍子もなく、また軽やかに見える珍道中企画だが、バックヤードは一ヶ月間、相当の闘いを強いられた。事前にあちこちの情報を集め、アポイントをとると同時に、彼らの安全も確保しなければならないからだ。

アメリカの支援者たちは、それらの事務作業に対して、一ドルも請求をしてこなかった。それはやらねばならないことだと、誰もが賛同してくれた。やればできる。

声をかければ、賛同してくれる人がいる。それも世界に。

岸本姉弟の不安と家族の心配は、相当だったろうと思う。しかし、二人がアメリカをさまよったことで、ほんの少しかもしれないが、世界は確実に動いた。アメリカには行けないけれど、地元で「GOGO岸本」をやるといった学生があちこちで出てきた。インターネットの時代は、少しの企画力と行動力で多くの人たちと手をつなぐことができる。そのことをこの企画は、証明してみせたのだ。

＊

社会への新しい怒り方。それは、イベント化することだ。

イベントを成功裡に収めようとするなら、いくつかのポイントがある。

「見る」「もらう」「参加する」

イベントに加わろうとする人たちに、この三つをすべて経験してもらうこと。このうち、どれかが欠けても、イベントは成功しない。

「見る」は、そのまま見て楽しむもの。

「もらう」は、なにもモノでなくてよい。ネットワークや友達づくり、情報や体験でいいのだ。はっとする気づきを「もらう」ことなどは、とても効果的だ。

「参加する」は、何らかの形で、その人がかかわったり主役になれる場を作ること。その人がそこにいるだけで、その人の満足度を高められれば成功だ。

ここで紹介した四つのイベントはどれも、この三つの要素を含んでいる。

二〇〇三年、米国によるイラク空爆に反対して、世界中の人々がデモをした。インターネットを通じて呼びかけ、若者が大勢参加したおしゃれなデモ「ピースウォーク」は、かつてのこぶしを振りかざして労組主導型でやってきたデモとは、一味も二味も違っていた。

全共闘世代には、こういった動きに違和感を感じるという人が少なくない。過酷な労働争議や差別反対運動を経験していない今の「市民運動」に胡散臭さを感じている人もいる。

たしかに、ほめられたり「ありがとう」といわれることが好きでさまざまなボランティアに参加している人の中には、マスメディアや権力者が指し示したものにしか動かないという傾向もあるだろう。差別や偏見や無知ゆえに嫌われたり攻撃されたりしている人たちの人権問題や、権力の意思によって排除されている人たちの人権問題は、そうした運動では巧みに避けられているのだ。

イラク反戦で声をあげている人たちの中にも、いざ、北朝鮮と緊張関係になったら同じようにデモをするかと問われれば、あやしいものだと感じる面もあるだろう。

だからといって、このデモはダメなのだろうか。

昔は、デモをして力を誇示さえすれば、それはメディアにものり、それなりに威嚇できる表現となった。

今の労組主導型のデモは、大して情熱もない人たちが動員されてデモしているというのがバレバレ。数万人のデモでも新聞に載ることさえない情況だ。

その中でピースウォークをどうとらえるか。

私は、仲間探しのイベントと認識すべきではないかと思う。同じ思いを持ち、普段会えない人たちとそこでめぐり合う。そして、それぞれが自分の社会で、個別に闘うことの勇気をもらう合コンなのだ。

何度も言うが、ファシズム時代の闘いは、隣人との闘いである。

こぶしを挙げても、命が守れるわけではない。

ピースウォークのような、国境を越えた軽やかでおしゃれなデモは、出会いの場、仲間探しの機会、一人ではないという確信を持つために重要なチャンスなのだ。それが隣人や自分を取り巻く空気と闘うための力となる。

インターネット時代は、この参加性がより広範囲になった。そして、世界中の同じ意思を持った人同士が支えあう関係に瞬時にしてなれるのだ。

インターネットの発達は、かつての運動をさらに広げるチャンスでもある。

新たな闘いの幕が上がった。

あとがき

二〇〇〇年から始まった多文化共生のイベントは、確実に、あちこちで根を伸ばしている。けれども、排外的なナショナリズムの嵐は静まることを知らない。

二〇〇二年九月、小泉首相がピョンヤンへ乗り込んで実現した日朝交渉の席上で、金正日総書記は、日本人拉致事件を認めた。それ以後、日本社会では、在日朝鮮人を敵視するナショナリズムが高まっている。

二〇〇三年四月、石原都知事は二期目の再選を果たした。相変わらず「シナ」発言や外国籍住民を敵視した発言が跡を絶たない。依然として、支持率も高い。

私は講演会などで石原差別発言を支持する人が出てくると、その場で徹底的に論破してきた。しかし、あることがあってこれをやめた。

ある予備校での講演会のとき、一人の受講生が石原氏を支持する発言をした。

「問題発言もあるが、彼は良いこともした」と言う。

「良いこととは何か」と問い返すと、ディーゼル車規制のことを挙げた。

瞬時に、では石原氏が環境庁長官や運輸大臣だったときになぜやらなかったのかと問いただした。

講演会の後で、彼は控え室にやって来た。そしてまた石原氏を支持しているという話を繰り返した。今度は同席していたアメリカ人が、「DNA発言(中国人は犯罪者のDNAを持っていて、これを排除しなくてはならないという趣旨の文章を産経新聞に掲載した)を欧米でやったら、それこそ刑務所送りよ！」と怒鳴って言い返した。

その場を離れようとしたとき、またその彼が追いかけて来て、「あなたはどうしてそんなに強いのですか。僕は弱いから、石原さんが好きなんだ」と言った。

それを聞いて私は混乱した。先ほどまで徹底的に論破した相手である。私の口からとっさに出てきた言葉は、「何かあったの？」だった。

彼が語るところによれば、自分の父親が二週間前に自殺したのだという。事故か何かで入院していた父親を、彼は一度も見舞いに行かなかった。そして、自分がお金を稼いで家に入れれば、家族はうまくいくと思っていた。

「父が死んで、もうお金を稼がなくてもよくなりました」

その姿を見て私は、「お父さんが好きだったのね」と口にした。

すると、彼の目から滝のような涙があふれ出た。

私は「今日一日は、あなたとあなたのお父さんのことを考えて過ごすね」と言って別れた。

私の混乱は続いたが、次第にわかってきたことがある。

彼は、弱く崩れた父親を見ること、受け止めることができない。だからこそ、強い父親のフィギュアとしての「イシハラ」が必要だったのだと。

男も泣いていいし、弱くてもいい。男にも、もっと多様な生き方があっていいし、強がらなくてもいい。心から怒りたいときには、身体を震わせて怒ればいい。

そういうことが許されない空間がまだ、この社会にはいっぱいある。

私は、石原氏の差別発言を支持する人を批判するだけでは、共生社会は築けないと思った。

その日から、私は、違うアプローチをしようと決めたのだ。

怒りを人間性の回復と社会の再生の素とするために、いまも、闘い方の実験と学習は続いている。

本書を書き上げるにあたって岩波書店の小田野耕明さんには、打ち合わせ段階からたいへんお世話になりました。彼の何気ない言葉からでる提案の数々は、普段意識していなかった部分に思いをはせ、自分の中にある「怒り」を整理するきっかけとなりました。

また、高橋亨さんをはじめ、たくさんの先輩や友人からアドバイスとフォローをいただきました。それを元に裏付けや資料収集で奔走してくれた鉄井晶子さんのおかげでこの本を世に送り出すことができました。

たずさわってくれたすべてのみなさんに、この場を借りてお礼を申し上げます。本当にどうもありがとうございました。

二〇〇四年四月

辛　淑　玉

辛 淑 玉

1959年東京生まれ
2003年第15回多田謡子反権力人権賞受賞
現在－香科舎代表，人材育成コンサルタント
著書－『韓国・北朝鮮・在日コリアン社会がわかる本』(KKベストセラーズ)
『女が会社で』(マガジンハウス)
『不愉快な男たち！』(講談社)
『40秒で面接官の心をつかむ法』(中経出版)
『在日コリアンの胸のうち』(光文社)
『愛と憎しみの韓国語』(文藝春秋)
『鬼哭啾啾』(解放出版社)
『辛淑玉のアングル』(草土文化)
『辛淑玉の激辛レストラン』(生活情報センター)
『辛淑玉の「男女平等免許皆伝」法律編・実践編』(人材育成技術研究所) ほか
共著－『企業におけるエイズ対応マニュアル』(日本能率協会マネジメントセンター) ほか

怒りの方法　　岩波新書(新赤版)890

2004年5月20日　第1刷発行
2004年8月25日　第3刷発行

著 者　辛《シン》 淑《ス》 玉《ゴ》

発行者　山口昭男

発行所　株式会社 岩波書店
〒101-8002 東京都千代田区一ツ橋2-5-5

電 話　案内 03-5210-4000　販売部 03-5210-4111
新書編集部 03-5210-4054
http://www.iwanami.co.jp/

印刷製本・法令印刷　カバー・半七印刷

ISBN 4-00-430890-9　　Printed in Japan

岩波新書創刊五十年、新版の発足に際して

岩波新書は、一九三八年一一月に創刊された。その前年、日本軍部は日中戦争の全面化を強行し、国際社会の指弾を招いた。しかし、アジアに覇を求めた日本は、言論思想の統制をきびしくし、世界大戦への道を歩み始めていた。出版を通して学術と社会に貢献・尽力することを終始希いつづけた岩波書店創業者は、この時流に抗して、岩波新書を創刊した。

創刊の辞は、道義の精神に則らない日本の行動を深憂し、権勢に媚び偏狭に傾く風潮と他を排撃する驕慢な思想を戒め、批判的精神と良心的行動に拠る文化日本の躍進を求めての出発であると謳っている。このような創刊の意は、戦時下においても時勢に迎合しない豊かな文化的教養の書を刊行し続けることによって、多数の読者に迎えられた。戦争は惨澹たる内外の犠牲を伴って終わり、戦時下に一時休刊の止むなきにいたった岩波新書も、一九四九年、装を赤版から青版に転じて、刊行を開始した。新しい社会を形成する気運の中で、自立的精神の糧を提供することを願っての再出発であった。赤版は一〇一点、青版は一千点の刊行を数えた。

一九七七年、岩波新書は、青版から黄版へ再び装を改めた。右の成果の上に、より一層の課題をこの叢書に課し、閉塞を排し、時代の精神を拓こうとする人々の要請に応えたいとする新たな意欲によるものであった。即ち、時代の様相は戦争直後とは全く一変し、国際的にも国内的にも大きな発展を遂げながらも、同時に混迷の度を深めて転換の時代を迎えたことを伝え、科学技術の発展と価値観の多元化は文明の意味が根本的に問い直される状況にあることを示していた。

その根源的な問は、今日に及んで、いっそう深刻である。圧倒的な人々の希いと真摯な努力にもかかわらず、地球社会は核時代の恐怖から解放されず、各地に戦火は止まず、飢えと貧窮は放置され、差別は克服されず人権侵害はつづけられている。科学技術の発展は新しい大きな可能性を生み、一方では、人間の良心の動揺につながろうとする側面を持っている。溢れる情報によって、かえって人々の現実認識は混乱に陥り、ユートピアを喪いはじめている。わが国にあっては、いまなおアジア民衆の信を得ないばかりか、近年にいたって再び独善偏狭に傾く惧れのあることを否定できない。

豊かにして勁い人間性に基づく文化の創出こそは、岩波新書が、その歩んできた同時代の現実にあって一貫して希い、目標としてきたところである。今日、その希いは最も切実である。岩波新書が創刊五十年・刊行点数一千五百点という画期を迎えて、三たび装を改めたのは、この切実な希いと、新世紀につながる時代に対応したいとするわれわれの自覚とによるものである。未来をになう若い世代の人々、現代社会に生きる男性・女性の読者、また創刊五十年の歴史を共に歩んできた経験豊かな年齢層の人々に、この叢書が一層の広がりをもって迎えられることを願って、初心に復し、飛躍を求めたいと思う。読者の皆様の御支持をねがってやまない。

（一九八八年一月）

岩波新書より

社会

ルポ 解雇 島本慈子
未来をつくる図書館 菅谷明子
メディア・リテラシー 菅谷明子
リストラとワークシェアリング 熊沢誠
女性労働と企業社会 熊沢誠
能力主義と企業社会 熊沢誠
食の世界にいま何がおきているか 中村靖彦
狂牛病 中村靖彦
豊かさの条件 暉峻淑子
豊かさとは何か 暉峻淑子
日本の刑務所 菊田幸一
靖国の戦後史 田中伸尚
日の丸・君が代の戦後史 田中伸尚
遺族と戦後 田中伸尚・田中宏・波田永実
山が消えた 残土・産廃戦争 佐久間充

ああダンプ街道 佐久間充
消費者金融 実態と救済 宇都宮健児
少年犯罪と向きあう 石井小夜子
定常型社会 新しい「豊かさ」の構想 広井良典
ゲランドの塩物語 コリン・コバヤシ
IT革命 西垣通
ワークショップ 中野民夫
原発事故はなぜくりかえすのか 高木仁三郎
子どもの危機をどう見るか 尾木直樹
科学事件 柴田鉄治
証言 水俣病 栗原彬編
マンション 小林一輔・藤木良明
コンクリートが危ない 小林一輔
仕事術 森清
すしの歴史を訪ねる 日比野光敏
まちづくりの実践 田村明
まちづくりの発想 田村明

現代たばこ戦争 伊佐山芳郎
東京国税局査察部 立石勝規
バリアフリーをつくる 光野有次
雇用不安 野村正實
ドキュメント 屠場 鎌田慧
ゴミと化学物質 酒井伸一
過労自殺 川人博
交通死 二木雄策
現代社会の理論 見田宗介
現代たべもの事情 山本博史
在日外国人〔新版〕 田中宏
日本の漁業 河井智康
日本の農業 原剛
男の座標軸 企業から家庭・社会へ 鹿嶋敬
男と女 変わる力学 鹿嶋敬
ボランティア もうひとつの情報社会 金子郁容
産業廃棄物 高杉晋吾
ディズニーランドという聖地 能登路雅子

岩波新書/最新刊から

895 スコットランド 歴史を歩く　高橋哲雄 著

タータン柄のキルトなど、「伝統」の思いがけない起源を求める旅から、小国スコットランドのたどった複雑な軌跡が浮かび上がる。

896 障害者とスポーツ　高橋　明 著

パラリンピックなど競技スポーツとしての醍醐味から、日常的な楽しみ方まで。障害者のスポーツの世界を長年の指導経験から紹介。

897 安心のファシズム ―支配されたがる人びと―　斎藤貴男 著

人びとはテクノロジーのもたらす利便性を追求し、「安心」を求める。自由から逃走し支配されたがるその心性はどこからくるのか。

898 アメリカ外交とは何か ―歴史の中の自画像―　西崎文子 著

自由や正義を盾に武力行使に走るアメリカ。超大国の外交がなぜ隘路に陥ったのかを、建国以来の歴史の中で解きほぐしていく。

899 人民元・ドル・円　田村秀男 著

人民元の正体とは何か。日米中の三角形を長期にわたり観察してきたジャーナリストが、現地取材とデータ分析により解き明かす。

900 社会起業家 ―社会責任ビジネスの新しい潮流―　斎藤　槙 著

ビジネス界の新しい潮流として注目されている社会起業家とは何か？　彼らの生き方・働き方を紹介しながら、その意義を考える。

901 古代オリンピック　桜井万里子・橋場　弦 編

紀元前八世紀にはじまる古代オリンピック。競技や選手についての興味深い話題を、最新の考古学・歴史学の成果を踏まえて語る。

902 シナリオ人生　新藤兼人 著

ドラマは人生だ。貧乏と戦争と絶えざる研鑽……小津安二郎、溝口健二、内田吐夢らの映画づくりから直接学んだドラマと人生の核心。

(2004.8)